이 책에 쏟아진 찬사

두말할 필요도 없이, 전 세계에 불어닥친 팬데믹 상황은 우리 모두의 삶뿐 아니라 기업이 경영 활동을 영위하는 시장 전체를 송두리째 뒤흔들고 있습니다. 이 불확실성의 시대에 고객과 시장의 변화에 맞춰 온라인 시장에서 미래 성장 동력을 찾아야 하는 전통적인 제조기업의 전략담당 임원인 제게, 이 책은 그동안 찾고 있던 온라인 시장으로의 진입에 관한 가장 분명하고 전략적인 인사이트를 제시해주고 있습니다.

글로벌 스포츠 브랜드에서 패션기업, 푸드 관련 스타트업, 온라인 커머스 플랫폼까지 항상 새로움을 찾아 과감한 도전을 거듭했던 구자영 리더의 커리어 여정을 지켜봐왔던 저로서는, 그녀가 저자로 또 다른 변신을 시도하는 것이 참으로 기쁘고 대견합니다. 돌이켜보면 그녀는 누구보다 빠르게 시대와 소비 트렌드의 흐름을 이해하고 그 방향으로 끊임없이 나아가며 지식과 경험을 쌓아왔던 것 같습니다. 그녀가 몸으로 부딪치며 발견한 브랜딩과 온라인 사업에 대한 노하우를 얼른 들여다보고 싶습니다. 선배였던 제가 이제는 그녀에게서 배울 차례인 거 같습니다.

_김정아, (주)한섬 전략기획담당 상무

이 책은 온라인 시대의 브랜드, 마케팅의 A to Z를 한 권으로 정리한 너무나 명쾌한 책이다. 특히 상품화의 과정부터 자사몰 운영, 광고 노하우까지 그동안 저자가 다양한 브랜드와 채널을 경험하며 쌓은 노하우가 집약된 점이 매우 돋보인다. 자신의 파트 외에는 쉽게 알 수 없었던 역동적인 브랜드 운영의 모든 과정을 이해할 수 있다. 이 책을 교재 삼아 당장 팀원들과 함께 우리가 놓치는 부분은 무엇인지 논의하고 싶다.

_이승연, S FOOD 브랜드혁신부문장

이른바 브이노믹스V-nomics(바이러스가 바꾸게 될 경제)로 대변되는 이 시대에 디지털을 중심으로 한 마케팅은 모든 업계의 필수 전략이 될 것이다. 다양한 브랜드의 마케팅을 현장에서 직접 진두지휘한 구자영 리더의 수많은 경험에 입각한 디지털 마케팅 방법론은 브랜드와 마케팅에 대한 크고 작은 고민에 직면해 있는 많은 이들에게 바로 적용 가능한 방법론을 제시해줄 것이다.

_윤미경, 디지털 마케팅 그룹 (주)엠포스 대표이사

구자영 리더는 야전 사령관이다. 문서가 아니라 온몸으로 제품 생산, 유통, 브랜딩, 마케팅의 A부터 Z까지 체화하고 실천하는 현장형 리더라는 의미다. 군더더기와 같은 불필요한 이론은 현장의 촉으로 과감히 스킵할 줄 아는 실전형 전문가. '프로페셔널'이라는 말보다 '새비

Savvy'라는 말이 잘 어울리는 그가 매우 쉽고 유익한 책을 썼다. 유익하면서 매우 쉬운 책을 쓰기란 결코 말처럼 쉽지 않다.

_최장순, LMNT 크리에이티브디렉터이자 《기획자의 습관》 저자

마치 교과서를 보는 것 같았다. 그리고 내가 브랜드를 운영해온 지난 14년간 몸으로 부딪히며 깨달음을 얻었던 실수와 실패의 순간들이 오버랩됐다. 그때 누군가 내게 이 책처럼 가르쳐줬더라면 좋았을 텐데 하고 생각했다. 브랜드 대표로서 힘든 것은 객관적인 피드백을 받기 힘들고 가르침을 주는 사람이 없다는 것이다. 친한 지인이라도 자기 영업비밀을 모두 공유해주진 않는다. 사업하는 분들, 특히 이제 막 시작하는 분들이라면 이 책을 꼭 읽어보길 추천한다. 변화된 시장의 흐름을 전체적으로 설명해주면서도 굉장히 디테일한 팁들이 녹아 있다.

_서보람, 브이에이치디자인 대표

코로나19로 온라인 사용량은 늘었지만, 치열한 경쟁으로 고객의 지속적 선택을 받기는 더 어려워졌다. 그렇기에 잘 팔리는 브랜드를 만들고 운영하는 일이 더욱 중요해진 요즘이다. 이 책은 우리에게 그 문제를 풀 실마리를 던져준다. 특히 나와 같은 퍼포먼스 마케터에게 신규 유입과 리텐션은 끝나지 않은 숙제와 같다. 퍼포먼스 마케팅과 브랜드 마케팅의 간극으로 고민도 깊다. 저자의 생생한 실무 경험은 온라인 시대에 브랜딩과 퍼포먼스 사이에서 균형감 있는 마케팅이 무엇인지, 잘 팔리는 브랜드를 운영하는 방법이 무엇인지 답해준다.

_나윤정, CJ 올리브영 퍼포먼스 마케터

많은 기업들이 저마다 디지털 트랜스포메이션이란 과제를 안고 변화에 재빠르게 대응하려 하지만, 그에 비해 우리의 노하우와 리소스는 아직 미비한 상태이다. 무한한 디지털 환경에서 '고객 중심'의 브랜드 전략을 이끌기 위해서는 기존 틀에서 벗어난 새로운 접근이 필요하다. 온·오프라인에서 브랜드를 구축하고 운영해온 저자의 경험에서 비롯된 인사이트들이 O2O(Online to Offline) 고객 여정을 강화하고, 차별화된 브랜드 가치와 경험을 주려는 담당자들의 고민을 해결해줄 것이다.

_유현지, 나이키 코리아 Facilities&New store Asia Pacific Manager

온라인 비즈니스에 관심 있는 사람이라면 반드시 알아야 하는 용어는 물론, 저자의 다양한 경험을 바탕으로 풍부하면서도 가장 현실적인 내용으로 가득한 온라인 비즈니스 입문서다. 특히 오프라인과 온라인 마켓을 모두 경험한 저자의 인사이트가 가득 담겨 있다. 온라인 비즈니스를 처음 맡은 실무자, 브랜드를 처음 시작하는 사람, 온라인 마켓에 대한 경험은 있지만 한눈에 정리를 하고 싶은 모든 사람들에게 강력 추천.

_최윤영, SK플래닛 구독커머스사업팀 매니저

잘
팔리는
브랜드의
법칙

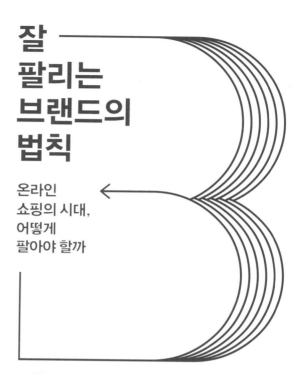

잘
팔리는
브랜드의
법칙

온라인
쇼핑의 시대,
어떻게
팔아야 할까

구자영 지음

더퀘스트

이상적인 성공담이 아니라, 현실적인 경험담을 담았다

지난 2020년은 코로나19 없이 설명이 불가능하다고 해도 과언이 아니다. 삶의 모든 분야에서 디지털 혁신이 무엇인지 분명하게 느낄 수 있던 한 해였다. 사람들의 라이프스타일과 생활 패턴, 나아가 사고방식, 습관까지 다방면에서 여러 변화가 일어난 해이기도 했다. 이러한 변화 속에서 사람들에게 '디지털'과 '온라인'은 떼려야 뗄 수 없는 단어가 됐다.

코로나 시대에 오프라인을 기반으로 한 전통 기업들과 온라인을 기반으로 한 신생 기업들의 성적표는 극명하게 갈렸다. 오프라인 기반의 회사들은 많은 어려움을 겪었고, 온라인 기반의 회사들은 실적이 여러 배 오르기도 했다. 물론 코로나 사태가 일어나기 몇 년 전부터 온라인 전환은 많은 기업들의 관심 사항이었다. 그러나 '관심' 수준이었던 것을 코로나가 불러온 사회적 소용돌이가 '지금 당장 해야 하는 일'로 만들며 그 변화를 가속화했다.

오프라인 브랜드를 온라인 환경에 맞게 브랜드화 및 상품화하는 일에 대해 관심을 보이는 사람들이 늘면서 관련 문의도 여러 번 받았다. 내가 오프라인과 온라인 사업 영역 모두에 경험이 있어서일 것이다. 아직 온라인 사업에 대한 역사가 오래되지 않았고, 온라인 비즈니스만으로 브랜드를 운영한 기업들이 많지 않은 탓도 있다. 민첩한 온라인 전환을 요구받고 있는 지금 시대에 내가 알고 있는 지식과 경험을 공유하는 일이 누군가에게 큰 도움이 될 수 있구나, 그런 이유로 이 책을 쓰게 됐다.

해보기 전에 생각만으로는 무엇이든 쉬워 보인다. 하지만 실제 전쟁터에서 일어날 법한 이야기를 들려주는 사람은 아무도 없다. 주로 경험담을 들으러 가는 자리에서는 성공담만 듣고 오게 마련이다. 또한 조언을 듣는다 하더라도 구체적인 실무 이야기를 해주는 사람은 그리 많지 않다. 주변에 도움을 청할 사람이 없는 사람들은 일단 책부터 몇 권 읽어보자 싶어 서점에 가본다. 그러나 그 어떤 책도 본인의 솔직한 노하우를 다 털어놓지 않는다. 누구나 접할 수 있는 정보만으로는 브랜드를 만들고 운영하면서 겪는 고민들에 대한 해답을 찾을 수 없다. 브랜드 운영을 결코 쉽게 생각해서는 안 되는 것이, 문제가 발생했을 때 단순히 손해를 입는 정도를 넘어 심할 경우 영업 정지나 브랜드를 접어야 하는 위기까지 닥칠 수 있기 때문이다. 이때 실제 현장의 현실을 알아두면 시행착오를 줄이는 데 많은 도움이 될 것이다. 브랜드를 운영하면서 일어나는 무수히 많은 사고들을 이 책으로 간접 경험하고, 이 책을 브랜드를 지속 가능한 방식으로 성장시키기 위한 길잡이로 삼아 리스크를 최소화하고 성과를 극대화하는 방법을 얻어갔으면 하는 바람이다.

나는 오랜 기간 한 브랜드에서 마케팅과 영업 경력을 쌓고 신규 사업 및 글로벌 진출 전략을 세우는 일을 해왔다. 이후 온라인 비즈니스를 중심으로 하는 브랜드 아임닭&아임웰의 총괄 운영 본부장으로 일하며 디지털 환경에서 신규 브랜드 론칭 및 기존 브랜드의 상품화, 판매, 마케팅, 고객 관리 등의 실무를 했다. 현재는 이 모든 경험을 발판으로 커머스 플랫폼 마켓컬리에서 일하고 있다.

이 책에서 나는 패션, 화장품, 유통, 식품 분야 등 소매 산업의 오프라인 부문과 온라인 부문을 두루 경험하며 수년간 해온 고민들과 그 나름의 해답을 함께 담았다. 나의 경험이 회사 내에서 온라인 신사업을 시작하는 사람이나 자기 브랜드를 만들어 창업을 하고자 하는 사람들에게 조금은 도움이 되지 않을까 싶다. 또한 규모가 큰 회사일수록 자신의 업무 영역이 작게만 느껴지기 쉬운데, 시장의 전체 흐름을 경험해보고 싶은 사람이라면 이 책이 시야를 넓게 만들어주는 역할도 해주리라 생각한다. 이 책이 브랜드 운영의 시작과

끝을 담은 책, 나아가 일을 하며 만난 선후배들이 겪는 실제 고민들에 대한 지침서 역할을 할 수 있다면 더 바랄 것이 없겠다.

물론 이 책을 읽는 독자 중에는 이러한 디지털 전환을 너무 급작스럽게 느끼는, 디지털 활용이 도통 익숙하지 않은 세대도 있을 것이다. 오프라인 인프라를 기반으로 회사 업무를 해왔고 거기에 이미 익숙해져 있는데, 이제 온라인 없이는 아무것도 되지 않을 것처럼 이야기하니까 당황스러울 수도 있다. 만약 관리자라면 업무 관련 승인을 해주거나 결재를 해주면서도 그 내용을 제대로 이해하지 못하는 순간이 자주 있을 것이다. 나 역시 처음 온라인 브랜드의 운영 총괄을 맡게 된 초창기에 그랬다. 당장 파악해야 하는 판매 관련 지표들과 마케팅 내용들이 생소하게만 느껴졌다. 특히, 영어 약어가 난무하는 디지털 광고가 무척 어렵게 느껴졌다. SA Search Advertisement(검색광고), DA Display Advertisement(디스플레이 광고), CPC Cost Per Click(클릭당 지불), ROAS Return on Ad Spend(광고 대비 수익률) 등이 무슨 말인지 도통 알아듣기 힘들었다. 심지어 예산을 집행해야 하는데 어떤 잣대로 효과를 측정해 광고를 집행해야 하는지도 몰랐다. 높은 직급에 있는 나였지만 지금이 아니면 더 부끄러운 상황이 올지 모른다는 생각으로 직원들한테 항상 가르쳐달라고 했다. 그때 진짜 현장의 이야기를 들려주는 이와 같은 책이 있었더라면 나에게 많은 도움이 됐을 것이다.

당신이 디지털 활용이 익숙지 않은 세대에 속한다면 이 책을 통해 많은 지식과 정보를 얻어 실무에 활용하기 바란다. 제대로 알면 예산에 따라 효율적인 마케팅을 할 수 있고, 올바른 효과 측정을 통해 팀원들에게 명확한 가이드를 줄 수도 있다. 만약 당신의 상사가 이커머스를 이해하는 데 어려움을 겪고 있다면 이 책을 추천해주었으면 한다. 한편으로 이 책이 상사와의 생각 차이를 좁혀주는 하나의 계기가 되기를 바란다.

이 책은 온라인 중심의 브랜드 운영에 필요한 전반적인 실무를 모두 다루고 있다. 창업을 통해 브랜드를 론칭하고 온라인 환경에서 돈을 벌고 싶은 사람, 하나의 브랜드를 총괄적으로 운영 또는 담당하는 브랜드 매니저, 오프라인 환경에 대한 노하우만 있어 온라인 커머스 플랫폼에 대해 공부하고 싶은 사람 모두에게 도움이 되리라 생각한다. '한번쯤은 나도 내 브랜드 한번 만들어보고 싶다'고 생각했던 사람이나 만들어야만 하는 환경에 놓인 사람들에게 이 책이 유용한 간접 경험을 선사할 것이다. 물론 앞으로 나오는 내용이 모두 다 정답은 아니다. 어디까지나 나의 경험이고, 내가 경험한 상황과 독자 여러분 앞에 펼쳐진 상황과는 분야와 시기에서 차이가 날 수밖에 없다. 그러므로 생각과 방식의 차이가 있다는 점을 염두에 두고 이 책을 읽어주었으면 한다.

이 책은 다섯 개의 파트로 구성되어 있다. 사전에 시장과 소비자를 조사하고 브랜드를 구축하고 운영하는 과정을 순서대로 정리했다. 그래서 순서대로 정독하면 전체 과정을 경험할 수 있어 좋다. 물론 주제에 따라 관심 있는 부분을 선택해서 읽어도 내용 이해에는 무방하다. 파트 1은 검색 트렌드를 활용하여 시장을 판단하는 방법과 어떻게 해야 브랜드를 구체화시킬 수 있는지에 대한 내용을 다룬다. 파트 2는 시장에 대한 판단과 시장 내 포지셔닝을 통해 브랜드를 실제로 만드는 과정에 대한 내용이다. 상품화가 될 때까지의 과정이 모두 이 파트에 들어가 있다. 파트 3에서는 브랜드 공식몰 사이트를 구축해서 운영하는 노하우를 담았으며, 공식몰 외에 다른 플랫폼과의 협업 구조에서 팁이 될 만한 경험을 담았다. 브랜드 공식몰에 대한 준비가 되었다면, 작든 크든 마케팅에 대한 방식을 고민할 시점이 왔다는 뜻이다. 파트 4에서는 브랜드에 맞는 마케팅 방법을 찾기 위해 온라인 마케팅의 개념 정리부터 각 채널에 대한 특징을 자세히 살펴본다. 마지막 파트 5에서는 온라인 브랜드를 운영하면서 경험할 수 있는 다양한 형태의 리스크와 고객 관리 방식에 대한 내용을 담았다.

이제부터 온라인 브랜드 운영에 대해 단계별로 깊이 파헤쳐보도록 하자. 책을 읽으면서 들이는 시간이 실패 위험을 줄이고 성공 확률을 높이는 간접 경험이라고 생각하면 결코 시간이 아깝지 않을 것이다.

차 례

PART 2
디지털 환경에 최적화된 브랜드 구축하기

PART 3
브랜드 360도
운영 노하우

PART 4
가장 효과적인
온라인 마케팅 방법 찾기

PART 5

브랜드 성공을 위한
리스크 관리

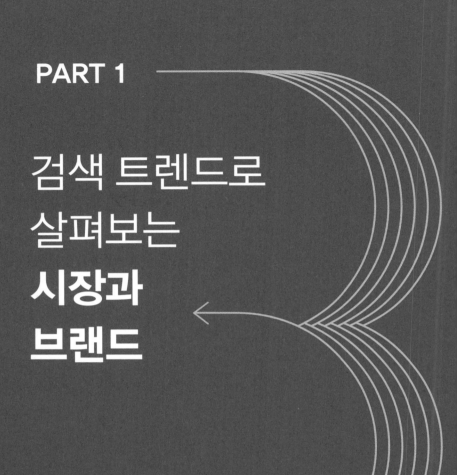

PART 1

검색 트렌드로
살펴보는
**시장과
브랜드**

진정한
디지털 시대가
도래했다

온라인 기반으로 비즈니스를 하는 사람들에게 코로나 이후에 회사 상황이 더 좋아졌다는 이야기를 종종 듣곤 한다. 어쩌면 지금 온라인 시장은 그 어느 때보다 호황인지도 모른다. 예전에는 온라인 시장을 이끄는 주 소비자층이 MZ세대(밀레니얼 세대와 Z세대를 포함한 말)라고 생각했지만 코로나로 사람들이 집 밖에 나가기를 꺼리면서 50~60대까지 그 연령대가 확대되기 시작했다. 온라인이 더 이상 특정 고객층만을 대상으로 한 소비 수단이 아니게 된 것이다. 또한 유튜브를 필두로 50대 이상 중·장년층의 모바일 사용량이 급증했다. 비대면 문화의 기본인 모바일 기기, 모바일 플랫폼들이 세대를 불문하고 일상에서 가장 필요하고 또 친숙한 매체로 자리 잡았다.

2020년 4월, 광고기획사 이노션은 바이러스로 인해 외부와의 연결이 일상화된 '온택트Ontact' 시대에 접어들었다고 발표했다. '온택트'는 '언택트Untact'에 연결On을 더한 개념으로 온라인을 통해 소통하는 방식을 말한다. 이러한 온택트 문화가 확산되면서 온택트의 적용 사례로 온택트 마케팅 또한 부상하고 있다. 소통 방식의 디지털화가 이전에는 '과정'에 있었다면 이제는 '완성'에 도달해, 진정한 디지털 시대가 도래한 셈이다. 이에 따라 마케팅뿐 아니라 브랜드 운영, 나아가 비즈니스 방식도 온라인상의 고객 접점을 유지하면서 디지털 환경을 적극 활용하는 방식으로 진화하고 있다.

각기 다른 고민에 빠진 기업들

이런 기조 속에서 온라인 기반으로 사업을 시작했던 사람들은 그동안 쌓은 경험과 이해력을 가지고 더 노련하게 브랜드 운영을 준비하고, 오프라인 위주로 사업을 시작했던 사람들은 온라인으로 빠르게 전향하고자 박차를 가하고 있다. 대기업, 외국계 기업, 중견 및 중소기업, 개인 사업자들을 막론하고 전방위에서 일어나는 현상이다. 다만 각자 자신의 입장에서 다른 고민을 할 뿐이다.

대기업은 몸집이 커서 자체적으로 빠른 혁신이 쉽지 않다. 그래서 주로 온라인 기반 기업에서 근무했던 사람들을 영입하는 방식으로 비즈니스의 변화를 꾀한다. 그러다 보니 협업이 쉽지 않다. 한쪽은 오프라인에 고착화된 사람들이고 다른 한쪽은 기존 브랜드를 이해하지 못하고 디지털 기술에만 익숙하니 서로 조율하기가 어려운 것이다. 또한 부서의 기능적인 부분에 있어서도 어떤 부서를 통합해서 운영하고, 또 어떤 부서를 분리해서 운영해야 하는지 고민하게 된다.

중견 및 중소기업들은 상대적으로 규모가 작기 때문에 조금은 빠르게 움직일 수 있을 것 같지만 사실 상황이 더 어려운 편이다. 인재 영입의 어려움, 온라인 환경에 맞는 인프라의 한계, 결정권자의 보수적인 태도 등으로 변화에 빠르게 대응하지 못하고 있는 것이 현실이다.

세계 곳곳에 지사가 있는 외국계 기업들 또한 코로나 여파를 겪으면서 더욱더 이커머스e-commerce(온라인 네트워크를 통해 상품과 서비스를 사고파는 것)에 대해 절실하게 생각하게 됐다. 이에 따라 본사뿐 아니라 각 지사의 조직 구조에도 디지털 전환이 큰 화두로 떠오르게 됐다. 영업, 머천다이징, 디자인 등 직무에 상관없이 이커머스 중심으로 조직원들의 역할이 바뀌며, 이커머스에 대한 이해가 없는 조직원들은 불안감에 휩싸이게 됐다.

더 치열해진 이커머스 시장

최근 몇 년간 온라인상에서의 소비가 늘면서 브랜드의 수도 기하급수적으로 늘어났다. 그중에는 소비자들에게 사랑받아 살아남는 브랜드도 많았지만, 소비자의 선택을 받지 못하고 순식간에 사라진 브랜드도 적지 않다. 나는 그 성패의 차이가 '브랜드화에 대한 고민'에 있다고 생각한다. 즉, 판매하고자 하는 상품 또는 서비스를 소비자의 인식에 어떻게 자리잡게 할 것인가 하는 부분이다.

예를 들면 오프라인에서 온라인으로 소비자의 구매 패턴에 변화가 생기면서 브랜드들은 점차 온라인 판매 방식에 집중하게 됐다. 그런데 온라인상의 판매 채널은 매우 다양하다. 자사 브랜드 공식몰을 만들어서 직접 판매할 수도 있고, 다양한 온라인 커머스 플랫폼에 입점해 판매할 수도 있다. 또는 SNS 채널에서 시작할 수도 있다. 그러나 각 채널에 대한 정확한 이해를 바탕으로 한 브랜드 포트폴리오 전략도 없이 무턱대고 판매를 시도했다가는 소비자들에게 브랜드를 알리기는커녕 금세 시장에서 사라져버릴 수도 있다.

게다가 최근에는 온라인 커머스 플랫폼들조차 자체 브랜드를 만들어 사업 확장에 나서는 추세다. 이마트의 식품 PB Private Brand 상품 '피코크Peacock'와 생활용품 브랜드 '자주Jaju'를 떠올리면 쉽다. 이들은 확고한 판매 채널을 확보했다는 점에서 엄청난 경쟁우위를 가지고 있다. 이런 플랫폼들의 브랜드와 겨루기 위해서는 그들이 가진 우위점을 뛰어넘을 만큼의 브랜드 경쟁력을 갖춰야 한다.

재조명되는 오프라인 채널

브랜드들의 디지털 전환이 가속화되는 가운데, 오프라인 매장의 소멸을 예견하는 사람들도 있다. 하지만 오프라인 매장은 이전과는 다른 형태로 브랜딩에 있어 중요한 역할을 하게 될 것이다. 대표적인 사례로 패스트패션의 유명 기업인 자라Zara와 에이치엔엠H&M을 들 수 있다. 이들은 최근 오프라인 매장에서 더 이상 옷을 팔지 않겠다고 선언했다. 남아 있는 기존 매장은 모두 '체험형 매장'으로 전환할 것이라고 말이다. 이전에는 오프라인 매장이 주요 판매 채널이었다면, 이제는 온라인을 주요 판매 채널로 삼고, 오프라인 매장은 브랜드를 더 깊이 알고 체험할 수 있는 곳으로 마련하겠다는 의미다.

실제로 소비 자체는 온라인 환경이 편리하긴 하지만, 충성도를 끌어올리는 브랜드 경험은 오프라인이 훨씬 효과적이다. 그런 이유로 오프라인 매장의 기능 전환은 산업 분야를 막론하고 적용되고 있다. 아모레퍼시픽의 '아모레 성수'가 대표적이다. 온라인 기반의 커머스 비즈니스를 하는 브랜드들도 오프라인 매장을 열어 브랜드 경험의 장으로 활용하고 있다. 무신사의 '무신사 테라스', 쿠캣마켓의 오프라인 매장이 대표적이다.

앞으로 디지털 환경에서 브랜드를 만들어 운영하는 일은 선택이 아닌 필수가 될 것이다. 오프라인 기반의 브랜드 기업이라면 디지털 전환에 맞춰 기존 브랜드를 어떻게 온라인으로 확장시킬 것인지가, 온라인상에서 새로운 브랜드 론칭을 앞둔 기업이라면 진화된 디지털 환경에 가장 적합한 방법으로 브랜드를 알리고 소비자들의 인식 속에 어떻게 자리 잡을지가 관건이 될 것이다. 어느 쪽이든 온라인상에서 브랜드를 운영하기로 했다면 운명은 비슷하다.

이미 많은 글로벌 기업에서 이커머스 중심의 조직 변화가 예고됐다. 온라인 중심의 조직 개편과 인재 확보에 많은 회사들이 발 빠르게 움직이고 있는 추세다. 가격 전략, 상품화 전략, 고객 관리 등을 어떻게 통합 브랜드 형태로 현명하게 운영할지가 시장에서의 성공 포인트가 될 것이다.

시장 트렌드는
'검색어'로
파악하라

브랜드를 만들고 운영하는 첫 번째 단계는 오프라인과 온라인을 막론하고 시장과 소비자를 파악하는 데서 시작한다. 어떤 상품군을 선택해 사업을 시작할지, 이미 상품이 결정됐다면 어떤 소비자군을 타깃으로 할지, 경쟁에서 살아남기 위해 우리가 가장 내세워야 할 차별점은 무엇인지 등을 고민해야 한다. 거기서부터 브랜드 사업의 모든 것이 결정된다. 그래서 맨 먼저 다룰 내용도 바로 트렌드와 시장 흐름을 파악하는 것이다. '지금 시장에서 소비자들로부터 사랑받고 선택받는 것은 무엇인가.'

트렌드 파악이라고 하면 연초에 쏟아지는 트렌드 또는 시장 전망에 대한 책이나 리포트를 떠올린다. 이런 자료들은 대개 인구 구조의 변화, 정부 제도나 규제의 변화 등을 다루기 때문에 거시적인 관점에서 트렌드를 살필 수 있다는 점에서 참고할 만하다. 나역시도 많이 참고한다. 하지만 전적으로 의지하진 않는다. 왜냐하면 그것들은 아주 일부의 것들만 이야기하고 있기 때문이다. 실제 신규 사업을 준비하거나 운영하는 데 있어서 필요한 구체적인 인사이트나 지침을 얻기에는 부족함이 많다. 예를 들면 최근 나는 FMCG Fast Moving Consumer Goods(일용소비재) 시장 분석에 관한 리포트를 보았다. 2020년 1분기 식품 분야가 비식품 분야에 비해 월등히 큰 성장세를 기록했다는 내용이었다. 이를 단순하게 해석하면 식품 브랜드를 만들면 반드시 성공한다는 이야기처럼 받아들여질 수 있다. 하지만 어떤 식품군을, 어떤 타깃군에게, 어떤 채널을 활용해 사업을 펼칠 것인지를 알기에는 무리가 있다. 그러므로 실제 시장과 소비자의 변화를 구체적으로 파악할 수 있는 다른 방법이 필요하다.

온라인 시장 환경에서 시장과 소비자의 변화를 구체적으로, 심지어 실시간으로 확인할 수 있는 아주 유용한 툴을 하나 소개해볼까 한다. 바로 '검색어'다.

검색 추이를 통해 시장을 파악할 때 주의할 점

검색엔진의 검색 추이를 살펴보면 시장 또는 소비자에 대한 인사이트를 얻을 수 있다. 여기서 검색엔진은 네이버, 구글, 다음 등 우리가 잘 아는 포털 사이트를 말한다. 사람들은 자신의 관심사에 대해 알아보기 위해 검색을 한다. 상품을 구매할 때도 사양, 디자인, 가격 등 구체적인 정보를 얻기 위해 검색을 한다. 이러한 '검색어'는 데이터로 축적되고, 검색엔진 사이트들은 기간, 성별, 연령에 따라 검색 데이터를 통계화하여 그래프로 한눈에 보여주는 서비스를 제공한다. 이런 서비스를 잘 활용하면 브랜드를 준비하고 운영하는 일이 훨씬 수월해진다.

구체적으로 검색 추이를 통해 시장을 파악하는 방법을 알아보기에 앞서 한 가지 주의할 점이 있다. 시장을 파악하고 그 내용을 실제 운영에 반영하는 과정에서 반드시 산업 분야별 특징을 고려해야 한다는 점이다. 식품 업계는 다른 분야에 비해 소비 성향이 보수적인 편이다. 한 가지를 구매해서 먹게 되면 계속 그 제품만 구매하는, 트렌드를 크게 타지 않거나 느리게 타는 분야다.

패션 분야는 정반대다. 트렌드가 빠르게 바뀐다. 단편적으로 겨울 시즌만 봐도 어떤 해는 플리스재킷이 한창 유행하다가 어떤 해는 롱패딩 없는 사람이 없을 정도로 붐이 일곤 한다. 스테디셀러로 오랫동안 사랑받는 나이키의 특정 운동화 역시 재직할 당시 지켜본 바로는 라이프 사이클이 3년 차쯤에 구매 정점을 찍고 내려오는 현상을 보였다(물론 세월이 한참 지나서 레트로 트렌드 열풍 때문에 다시 부활하는 케이스도 있다). 이러한 분야 트렌드의 특성 때문에 과거 패션 업계에서 일할 때 만났던 해외 관계자들은 한국의 패션 시장을 두고 규모는 매우 크지만 접근하기 어렵다고 했다.

시장 흐름을 파악하는 것은 매우 중요하지만 산업 분야, 브랜드 정체성 등을 고려하지 않고 지나치게 트렌드 자체에만 의존하면 사업 운영에 한계가 올 수 있다. 이 점을 기억하길 바란다.

검색어를 통한 트렌드 파악 예시

예를 하나 들어보자. 다음 그래프는 '여행'과 관련된 키워드를 뽑고 그 키워드 검색량의 추이를 나타낸 것이다. 지난해 코로나19로 인해 '여행'(국내 여행+해외 여행)에 대한 언급량은 줄고 '캠핑카' 또는 '차박'에 대한 언급량이 늘어났다. 또 '여행하는 방식'에 대한 검색도 증가했다. 이를 통해 전체적으로 여행 시장이 하향세를 보이고 있음을 알 수 있다. 그리고 '다른 형태의 여행'에 대한 검색이 증가함에 따라 세부 시장의 성장세를 예측할 수 있다.

키워드 검색량에 대한 정보는 검색엔진뿐 아니라 SNS에서도 가능하다. 인스타그램으로 예로 들면, 해시태그를 통해 인기 또는 주

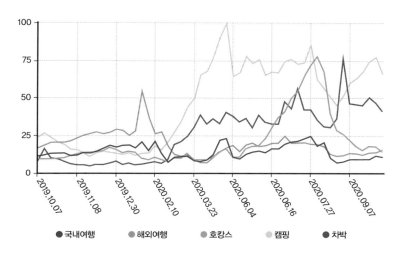

검색어로 보는 트렌드 변화

● 국내여행   ● 해외여행   ● 호캉스   ● 캠핑   ● 차박

요 검색어를 파악할 수 있다.

그렇다면 어떻게 하면 더 세부적으로 검색어 트렌드를 활용할 수 있을까? 먼저 검색어 트렌드는 기간을 설정해두고 그 추이를 파악하는 것이 좋다. 기간에 따라 추이 변동이 크기 때문이다. 검색 데이터는 연, 월, 주별로 나눠 볼 수 있는데 연 단위로 검색 추이를 살피면 거시적인 흐름을 파악할 수 있다. 연간으로 길게 보면 특정 기간의 현상에 대해 판단이 잘 안 될 경우가 있으므로 이때는 월별, 주별로 기간을 세부적으로 나눠서 보는 것이 좋다. 특히 어떤 산업 분야는 월별로 매출 기복이 큰데, 그럴 때는 월별 검색 추이를 살펴보면서 대응책을 생각해볼 수 있다.

■ 특정 시즌의 영향 여부와 정도를 알 수 있다

가끔 검색 추이와 맞지 않게 갑자기 특정 기간에 검색량이 크게 증가하는 그래프를 보기도 한다. 전체적인 흐름에 반하는 그림이라면 왜 이러한 변화가 일어났는지, 왜 검색 수치가 움직였는지 꼭 알아보라. 앞서 이야기한 키워드 '여행'으로 이것을 설명하면, '제주도', '부산' 등 특정 지역명의 검색량만 단순하게 비교했을 때는 어느 곳을 선호하고 더 많이 가는지 알 수 있다. 그런데 만약 특정 시기에 특정 지역에 대한 검색어가 급격히 증가한다면 해당 지역에 흥미로운 축제나 행사가 있음을 짐작할 수 있다. 이러한 이유 외에도 경쟁사가 특별한 마케팅 활동을 했다든지 또는 마케팅 활동이 큰 효과가 있었다든지, 실시간 검색어 광고를 집행했다든지, 유명인을 통해 방송에 노출되어 바이럴이 크게 일어났다든지 등 그래프 변동을 통해 구체적인 시장 내 이슈를 알 수 있다.

특정 계절에 매출이 오르거나 떨어지는 등 소위 시즌을 타는 제품의 경우는 특정 시점에 증가하는 검색량을 주의 깊게 살펴봐야 한다. 정육 카테고리 내 닭가슴살을 예로 들어보자. 명절 시즌에 국내 많은 온오프라인 유통사들은 명절선물세트와 같은 품목의 소싱과 발주를 늘린다. 그런데 닭가슴살 상품은 평소에는 검색 순위가 상위권에서 큰 변동이 없다가 명절 시즌만 되면 그 검색 순위가 크게 떨어지는 모습을 보이곤 한다. 이때 닭가슴살 상품을 취급하는 브랜드는 명절 며칠 전, 몇 주 전부터 검색 순위가 바뀌는지, 검색량이 얼마나 떨어지는지를 살펴보면서 매출에 미칠 영향을 가늠해볼 수 있다. 반면 소고기와 관련된 브랜드라면 명절 시즌에 평소보다 더 좋은 판매를 예상할 수 있을 것이다.

■ 올해 해당 시장의 규모를 가늠할 수 있다

검색 추이를 연간으로 살펴보면서 얻을 수 있는 인사이트가 하나 더 있다. 올해 연초와 작년 연초의 키워드 검색량을 비교하면 올해 해당 키워드 시장의 규모를 예측할 수 있다. 즉, 올해 시장 상황이 좋을지 안 좋을지를 연초 키워드 검색량으로 판단하는 것이다. 예를 들면 전년도와 비슷한 검색량을 예상했는데 연초에 그 검색량이 떨어졌다면 올해 전체 매출이 자연스레 줄어들 것이라 예상하는 식이다.

연초 검색량을 통해 시장 또는 브랜드의 추이도 살펴볼 수 있다. 만약 영양제를 판매하는 브랜드라고 가정해보자. 연초에 '영양제'라는 시장 키워드와 함께 브랜드 키워드(자사 브랜드명)와 경쟁자 브랜드 키워드(경쟁사 브랜드명)를 검색했다고 가정해보자. 검색 결과가 '영양제'와 타사 브랜드명의 연초 검색량은 작년보다 높은 수치에서 시작하는데, 자사 브랜드명의 작년 대비 검색 수치가 떨어졌다면? 이는 해당 시장 관련 주요 키워드 검색 추이는 좋은 그림인데 해당 브랜드에 관한 검색 추이는 떨어지는, 브랜드가 많이 분발해야 하는 상황이라고 해석할 수 있다. 반대의 경우라면? 브랜드가 시

연초 시장 검색량 비교 그래프

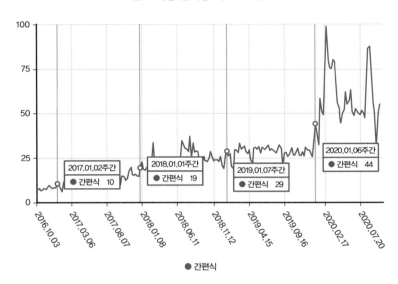

2017.01.02주간
● 간편식 10

2018.01.01주간
● 간편식 19

2019.01.07주간
● 간편식 29

2020.01.06주간
● 간편식 44

● 간편식

장의 움직임에 비해 당해의 시작이 매우 좋다는 시그널이다.

기간별 검색 추이 외에도 연령별로 검색 추이를 살펴봄으로써 특정 분야에 관심 갖는 연령 변화를 파악할 수 있다. 이러한 연령·성별의 변화를 파악함으로써 전체 시장 흐름도 알게 된다.

점점 더
세분화되어 가는
소비자 니즈

소비자들이 관심사를 검색하는 행위 그 자체만 봐도 의미 있는 인사이트를 얻을 수 있다. 요즘 소비자들은 구매하고자 하는 상품 정보를 검색할 때 이전보다 훨씬 '디테일하게' 검색하는 편이다. 과거에는 관심사 자체를 많이 검색했다면 지금은 그에 해당하는 특정 브랜드명이나 상품을 주로 검색하는 성향을 보인다. 예를 들면 과거에는 여름이 다가오기 전, '다이어트'라는 키워드 검색량이 크게 상승했다. 여전히 '다이어트'로 검색하는 사람들이 있지만, 점차 '다이어트 방식' 혹은 '다이어트 상품' 등 보다 구체적인 키워드의 검색이 늘어나는 추세다. 또 이전에는 '식단 관리'라는 관심사 검색이 많았다면, 지금은 '선식', '닭가슴살', '저염식', '다이어트 보조제', '체중조절 식품' 등 상품군을 구체적으로 검색하는 성향을 보인다.

이렇게 변화된 소비자의 검색 성향을 고려하지 않으면 자칫 시장 분석에 있어 치명적인 오해를 할 수도 있다. '다이어트' 검색량이 줄었다고 다이어트 시장 자체가 줄었다고 생각하는 것이다. 다이어트 상품을 취급하는 회사는 다이어트라는 핵심 키워드만 살필 것이 아니라 다이어트와 관련된 다양한 연관 키워드를 같이 살펴 시장 상황을 정확히 판단해야 한다.

참고로 소비자들이 목적성 검색 또는 고유명사로의 검색을 많이 하게 되면서, 이 키워드 검색량을 통해 브랜드 인지도 역시 가늠할 수 있게 됐다. 브랜드 관련 검색량 추이를 보면서 브랜드 마케팅이 얼마나 잘되고 있는지 점검하는 것이다. 만약 브랜드 관련 검색량이 떨어지고 있다면 적절한 마케팅 계획과 집행 시점을 고민해봐야 한다.

검색 성향에 따른 브랜드 운영 전략

소비자들의 세분화된 검색 성향은 다시 말해 그들의 니즈가 구체화되고 세분화되었음을 의미하기도 한다. 이런 지점을 잘 포착해 브랜드 운영 방향이나 전략에 반영하는 것도 매우 중요하다.

2010년 나이키에 재직할 당시, 패션 스포츠 시장에 '카테고리 킬러'라는 단어가 급부상했었다. 카테고리 킬러는 상품 분야별로 특화된 전문매장을 말한다. 당시 나이키는 농구, 러닝, 축구 등으로 세분화된 카테고리 전문매장을 오픈하는 전략을 펼쳤다. 상권 내 소비자의 특성을 반영해 상품을 진열하고, 각 전문매장을 플래그십 형태(성공을 거둔 특정 상품 브랜드를 중심으로 브랜드 정체성과 이미지를 극대화한 매장)로 운영했다. 같은 상권에 두 개의 매장을 똑같은 형태로 운영하는 것보다 카테고리 차별화를 통해 두 개의 매장을 각각 특색 있게 운영하는 것이 매출에 훨씬 유리하다는 데 착안한 세분화 전략이었다. 몇 년 전 나이키는 '나이키의 경쟁사는 룰루레몬(요가복으로 유명한 스포츠웨어 브랜드)'이라는 선언과 함께 우먼스 카테고리를 확대하기도 했다. 즉, 브랜드의 온라인 전환을 위해서는 소비자의 세분화하는 니즈를 포착하여 전략을 변화시키는 것이 선행돼야 한다고도 볼 수 있다. 특정 카테고리의 상품만 전문적으로 판매하는 '오늘의집(인테리어 용품)', '화해(화장품)', '무신사(패션)' 같은 전문몰이 선전하고 있는 것도 이런 맥락에서 이해할 수 있다.

세분화된 니즈에 발 빠르게 대응하려면

본격적으로 브랜드를 운영할 때도 역시 소비자의 검색 성향을 계속 체크하고 대응해야 한다. 소비자의 검색 성향이 세분화되고 검색 키워드 역시 다양해지면서 브랜드는 소비자가 원할 때 브랜드와 상품에 관한 정보를 제공하는 것이 매우 중요해졌다. 즉, 소비자들이 무언가를 구매하고자 온라인에서 검색할 때, 그 검색 결과에 자사 브랜드와 상품이 최대한 노출되도록 해야 하는 것이다. 브랜드는 소비자들이 실제로 많이 검색한 단어들에 맞춰서 '키워드 광고'를 세팅하는 식으로 이에 대응할 수 있다. 나아가 시즌 또는 상황에 맞춰 소비자들에게 많이 노출될 수 있도록 상품 진열과 프로모션 등을 진행한다. 예를 들어 화장품 분야의 경우 환절기 때 '수분크림'에 대한 검색이 증가하는데, 이를 감안해 자사 상품 관련 키워드로 '수분크림'을 같이 세팅하는 것이다. 또 코로나19로 인해 마스크에 잘 묻어나지 않는 화장품의 검색량이 늘어날 것으로 예상된다면 이를 프로모션에 반영하여 진행한다.

아예 소비자들의 직접 검색을 유도하는 마케팅을 계획할 수도 있다. 온라인 소비자의 구매 여정 첫 단계가 바로 검색이라는 점에서 볼 때 구매 증가를 위해 소비자가 해당 브랜드와 상품을 많이 검색하도록 하는 것이다. 검색엔진에서 특정 브랜드를 검색했을 때 나란히 뜨는 여러 가지 '키워드 제안'이 그 방법 중 하나다. 온라인 커머스 플랫폼에서 볼 수 있는 '검색 순위', '키워드 노출', '광고 배너' 등을 통해서도 소비자 검색을 유도할 수 있다.

다만 키워드 제안이나 검색 순위, 광고 배너 등을 활용해 소비자 검색을 유도할 때는 몇 가지 주의할 것이 있다. 이 방법의 효과는 단적으로 검색엔진의 메인페이지 또는 온라인 커머스 플랫폼의 메인페이지 변화, 광고 형태에 따라 크게 달라진다는 점이다. 메인페이지의 광고 위치나 로직이 바뀔 때, 새로운 광고 구좌가 생길 때마다 검색 정도가 달라진다. 예를 들면 이전과 같은 광고 구좌에 브랜드와 상품 광고를 했는데, 위치가 하단으로 이동된 탓에 노출이나 클릭이 잘 이뤄지지 않는 것이다(이런 마케팅을 시도할 때 브랜드는 메인페이지 변화에 따른 리스크를 늘 안고 있다고 보면 된다). 이에 대응하는 최선의 방법은 해당 광고 구좌를 운영하며 그 효과를 검토하는 것이다. 그리고 메인페이지의 광고는 모바일 환경이나 PC 환경이냐에 따라 광고 상품이 다르고, 때문에 그 효과 역시 크게 다르다. 이에 각 환경에서 도달률, 클릭 수, 효율이 어떻게 되는지 세밀하게 살펴보고 진행 여부를 판단해야 한다.

■ 소비자의 검색 성향에 따라 타깃 고객을 구분할 수 있다

브랜드 입장에서 봤을 때, 구매를 결정하는 고객들은 크게 세 가지 성향으로 나뉜다. 첫 번째는 정확하게 어떤 브랜드의 어떤 상품을 구매할지 정해 놓고 사는 사람이고, 두 번째는 상품에 대한 구매 결정은 했는데 어떤 브랜드를 살지, 어떤 채널에서 살지를 정하지 못한 사람이다. 마지막으로 세 번째는 구매 의도가 아예 없는 상태에서 검색을 통해 상품에 관심을 갖게 되어 충동적으로 구매까지

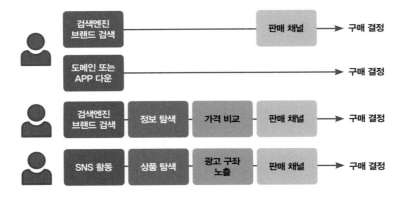

세 가지 성향의 검색 유형

하게 되는 사람이다. 이때 각각의 경우에 처한 소비자들의 검색 성향이 어떠할지 한번 들여다보자.

첫 번째 성향의 사람은 검색 패턴이 매우 명확하다. 검색엔진에 특정 브랜드와 상품명을 함께 검색한 뒤 노출되는 검색 링크를 타고 들어가 구매를 완료한다. 어떤 채널에서 구매할지에 대한 판단이 서지 않았을 때는 수많은 노출 링크 중에서 익숙한 브랜드나 혹하는 광고 문구에 따라 가격 비교를 하고 구매하는 과정을 거치게 된다. 여기서 소비자의 이탈을 부르는 변수는 크게 없지만 가격 비교에 노력을 기울이는 소비자라면 타 브랜드 상품이 노출됐을 때 약간의 호기심이 발동해서 이탈하는 경우가 종종 있다.

두 번째 성향의 사람은 구매 목적은 있는데 브랜드 또는 상품 종류에 대한 명확한 결정이 이루어지지 않은 상태다. 이러한 사람들은 검색 과정에서 여러 변수의 영향을 받게 되고 그만큼 이탈할 수 있는 경로도 굉장히 많다. 그러다 보니 이러한 타깃들의 구매를 유도하기 위해 많은 브랜드들이 다양한 광고 구좌를 활용한다. 이 단계에 놓인 사람들은 어떤 상품에 대해 구매를 결심했더라도 다른 정보에 노출되면 더 좋은 상품을 발견했다는 생각에 완전히 다른 상품을 구매하기도 한다.

세 번째 성향의 사람은 특별한 구매 목적이 없었는데 검색 과정 중 구매 욕구가 생기는 경우다. 이러한 사람들의 경우는 대부분 SNS 채널을 둘러보다가 호기심이 생겨 검색엔진으로 이동해 검색 후 구매한다.

이처럼 검색 방법이 진화하면서 검색에서 구매까지 이르는 과정 유형도 다양해졌다. 위의 설명과 같은 구분은 타깃군을 선정하기 위해서 매우 유용하다. 비슷한 검색 과정을 겪는 사람들 즉, 검색 유형별로 타깃군을 구분해 어느 시점에 어떤 경로로 마케팅을 운영할지가 결정되기 때문이다. 결국 검색 유형에 따른 타깃 구분은 고객 확보를 높이는 중요한 단초가 되어준다.

경쟁사를
파악하는
방법

오프라인 환경에 비해 온라인 환경이 갖는 가장 큰 특징은 정보를 쉽고 빠르게 얻을 수 있으며 그 정보의 양이 매우 방대하다는 점이다. 경쟁사에 대한 정보도 마찬가지다. 과거에는 경쟁사의 매출을 알려면 거래하는 유통사 직원을 포함한 주변 인맥을 동원하거나 공식적으로 발표되는 자료를 통해야만 했다. 나 또한 예전에는 인맥을 동원해 경쟁사의 매출 또는 신사업을 하고자 하는 시장 내 브랜드의 매출을 알아보곤 했다. 하지만 오늘날에는 온라인에 많은 정보가 공개되어 있어 그런 데이터를 찾아보기가 쉬운 편이고 그래서 다양한 방법으로 파악이 가능하다. 경쟁사의 매출이 궁금하다면, 매출 공시가 되는 브랜드는 금융감독원 전자공시시스템(dart.fss.or.kr)을 통해 공식적인 매출 규모를 알아볼 수 있다. 만약 규모가 작아서 매출 공시가 되지 않는 브랜드라면 구직 사이트를 활용하는 것도 방법이다. 브랜드 매출 규모와 정보가 구직 사이트에 생각보다 자세히 기재되어 있는 경우가 많기 때문이다.

경쟁사의 동향을 파악하는 두 가지 경로

온라인 환경에서 경쟁사의 동향을 파악할 수 있는 방법은 크게 두 가지다. 첫째, 검색어 트렌드를 통한 검색어 수치, 둘째, 온라인 커머스 플랫폼의 누적 판매량과 고객 후기의 숫자다.

첫 번째로 검색어 트렌드를 살펴보자. 앞서 시장 키워드를 기준으로 전반적인 시장의 흐름과 추이를 예측할 수 있다고 설명했다. 이때 타깃으로 삼은 경쟁사 키워드를 살펴보면 시장 대비 매출 규모에 대한 예측이 어느 정도 가능하다. 특정 산업이나 상품 카테고리 시장의 매출 규모는 일반적으로 공개된 데이터가 많다. 이러한 공식 매출을 기준 삼아 경쟁사 키워드의 검색 수치에 해당되는 대략적인 매출을 계산해보는 것이다. 물론 검색했다고 해서 그것이 모두 구매로 이어졌다고 보기는 어렵다. 하지만 그만큼 사람들이 검색했다는 것은 인기가 있다는 뜻이고, 당연히 어느 정도 매출로 이어졌다고 보는 게 합리적이다. 타깃으로 삼은 경쟁사들을 리스트업하고 그들의 매출 수치도 정리해두자. 이를 바탕으로 하면 전체 시장점유율과 기준 정보가 없는 경쟁사의 매출 규모도 유추가 가능하다.

경쟁사의 동향을 파악하는 두 번째 방법은 누적 판매량 또는 누적 상품 후기를 보는 것이다. 판매량과 객단가(고객 1인당 평균매입액=일정기간의 매출액/그 기간의 고객 수)를 곱한 금액이 곧 매출이기 때문에 판매량으로 어느 정도 매출 예측이 가능하다. 누적 판매량을 표기하는 플랫폼들이 최근에는 많이 없어지긴 했지만 여전히 남아 있는 곳도 있다. 단, 주의해야 할 부분은 브랜드에 속해 있는 상품이 다양할 경우 상품 딜deal도 여러 가지이므로 이 부분을 구분해서 봐야 한다. 마지막 방법은 고객 후기 수를 활용하는 방법이다. 구매하는 모든 고객들이 후기를 작성하지 않고 때론 후기 이벤트를 통해 인위적으로 수치를 늘려 놓은 경우도 많아서 이 방법에 너무 의존할 필요는 없지만 참고할 만한 자료이므로 함께 살펴보면 좋다. 통상적으로 후기 작성 비율은 구매의 10퍼센트 정도라고 하니 후기 개수로 판매량을 어느 정도 유추해볼 수 있다. 구매하는 고객이 많으면 후기는 없을 수 없다. 또한 경쟁사의 상품 후기는 상품에 대한 고객들의 만족과 불만족에 대한 내용을 담고 있기 때문에 매출 규모, 그 이상의 정보를 얻을 수 있다. 어떤 부분에서 우리 브랜드가 차별화 전략을 가지고 갈 수 있을지도 파악이 가능하다.

경쟁사는 다양한 시장에 걸쳐 있다

앞서 시장 키워드, 자사 브랜드 키워드 및 경쟁사 브랜드 키워드 검색에 대해 언급한 바 있다. 시장 조사를 위해 시장 키워드를 살펴본다고 하자. 모든 상품은 한 가지 이상의 시장 키워드를 갖고 있다. 또한 한 브랜드가 여러 종류의 상품을 운영하다 보면 상품별로 서로 다른 경쟁사가 존재하기도 하고 브랜드의 방향성에 따라서도 별도의 경쟁사가 존재하기도 한다. 그러므로 연관된 모든 시장 키워드를 트래킹해볼 필요가 있다.

냉동 닭가슴살 가공 식품을 판매하는 브랜드를 예로 들어보자. 닭가슴살 카테고리 기준으로는 다이어트 카테고리에도 들어갈 수도 있고 축산 카테고리에도 들어갈 수 있다. 또한 냉동 닭가슴살 가공 식품을 판매하는 브랜드들 중에 닭가슴살만 전문으로 판매하는 곳이 있는가 하면 다이어트 도시락도 함께 판매하는 브랜드도 있다. 그렇다면 이 브랜드는 시장 키워드에 대한 추이 즉, 닭가슴살 연관 경쟁사, 다이어트 도시락 경쟁사, 다이어트 토탈 경쟁사 등 각각의 관점에 따른 경쟁사를 전체적으로 살펴봐야 한다. 여러 개의 브랜드를 같은 검색선상에 놓고 비교해보면 자사 브랜드의 위치를 파악하는 것이다.

더불어 사람들이 브랜드 자체를 많이 검색하는지, 상품명 자체를 더 많이 검색하는지 두 가지를 모두 감안해서 살펴봐야 한다. 예를 들면 '고온어다이어트GO ON A DIET'라는 브랜드가 있다. 여기서 판매하는 도시락의 상품명은 '고온어밀'이다. 그렇다면 도시락에 대한 경쟁사 키워드 지정은 '고온어밀'로 하고 브랜드로 접근했을 때는 '고온어다이어트'로 하는 것이 적절하다(가끔 브랜드보다 상품명이 더 많이 알려져 있거나 검색량이 더 많은 경우가 있다). 이러한 검색 비교가 왜 필요할까? 브랜드가 시장 자체 및 경쟁사들을 파악하는 역할을 하기 때문이다. 이러한 파악이 가능해야 경쟁사를 방어할 수 있고 시장의 숨은 성장 가능성을 발견할 수도 있다.

경쟁사에 관한 검색 추이로 알 수 있는 것

브랜드 키워드 및 브랜드가 속해 있는 시장 키워드, 그리고 경쟁사 키워드의 검색량을 연간, 분기, 월별 또는 일별로 비교해서 보는 것만으로도 다양한 인사이트를 얻을 수 있다. 또한 당신이 브랜드를 운영하고 있다면 경쟁사 브랜드 키워드를 시장 키워드와 함께 검색함으로써 자사 브랜드의 시장 내 인지도가 어느 정도인지 파악할 수 있다.

오랜 기간 동안 브랜드 인지도에 투자를 아끼지 않아 인지도가 높은 브랜드들이 존재하는데 이들은 속해 있는 시장 키워드보다 브랜드명의 검색량이 더 높다는 특징을 지닌다. 한마디로 사람들이

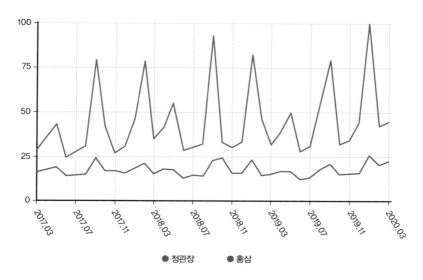

시장 키워드 검색량보다 높은 브랜드의 예시

● 정관장   ● 홍삼

어떤 시장을 생각할 때 특정 브랜드를 먼저 떠올린다는 얘기다. 대
표적인 것이 홍삼 제품 브랜드인 '정관장'이다. 위의 그래프에서 '홍
삼'이라는 시장 키워드보다 '정관장'이라는 브랜드 키워드의 검색
이 훨씬 많다는 것을 볼 수 있다. 대부분의 경우, 시장 키워드와 브
랜드 키워드를 비교하면 시장 키워드가 월등히 높은 지표를 나타낸
다. 사람들은 검색할 때 보통 곧바로 브랜드를 검색하기보다는 자
신들의 '구매목적'을 표현하는 키워드로 검색한다. 그래서 시장 키
워드가 특정 브랜드 키워드에 비해 통상적으로 높을 수밖에 없다.
정관장은 예외적인 경우로, 오랜 기간 동안 브랜드 인지도를 확보하기 위해 노력했고 그 결과 정관장이라는 브랜드로 홍삼 시장을 리드하고 있다. 이처럼 시장 키워드, 자사와 경쟁사의 브랜드 키워드에 대한 검색량 차이를 통해 경쟁사 브랜드와 자사 브랜드의 격차가 어느 정도인지, 시장 키워드와의 격차는 어느 정도인지 그 위치를 확인할 수 있다.

시장 키워드와 경쟁사 브랜드 키워드의 검색 수치는 시장과 경쟁사의 과거, 현재 그리고 미래 흐름을 파악할 수 있는 기준이 된다. 그러므로 한 번 검색하고 끝내기보다 매일매일 검색 키워드 기준을 세워놓고 점검하는 것이 도움이 될 것이다. 이를 브랜드의 향후 방향성을 결정하는 데 활용하면 좋다.

소비자 인식은
쉽게 바뀌지 않음을
주의하라

유효 니즈를 가늠할 때 깨닫게 되는 현실

브랜드를 만드는 일은 그 분야에 고객이 존재할 것이라는 믿음에서부터 시작한다. 소비자의 니즈가 있다고 믿기 때문에 제품 또는 서비스를 만들려고 하는 것일 테다. 하지만 분명히 말하건대, '생각한 것만큼'의 니즈가 존재하지 않을 수 있다.

브랜드를 만들려는 사람들은 해당 아이템에 확신이 있기 때문에 이 일을 시작한 것일 테다. 내가 비교적 신규 브랜드를 론칭하고 운영하는 일을 해왔기 때문인지 나의 지인들은 브랜드를 만드는 것과 관련된 아이디어를 내게 들려주며 의견을 물어볼 때가 종종 있다. 그들의 설명을 한참 듣다 보면 모든 면에서 훌륭하고 분명 좋을 것 같다는 생각이 들기는 한다. 하지만 지인의 확신처럼 처음부터 대박이 날 것 같다는 생각이 바로 드는 일은 별로 없다. 왜냐하면 새로운 제품의 사용을 시도하는 소비자의 비중이 그다지 크지 않다는 것을 알기 때문이다.

기존 소비자들은 해당 상품군에 대한 고착화된 니즈와 생각을 갖고 있다. 다른 의미로는 이를 습관이라 말할 수도 있다. 그래서 획기적인 신제품이 나왔다고 해도 기존의 구매 패턴을 단번에 바꾸지 않는다. 실제로 소비재 시장에서 새로운 상품이 출시됐을 때 이를 선제적으로 구매해 사용해보는 소비자의 비중은 기존 소비자의 2.5퍼센트 수준에 불과하다고 한다. 그러니 아이템의 좋은 점 또는 차별성을 내가 확신하듯 '모두가 알아주겠지' 하는, 해당 상품군에 대한 소비자 인식을 단번에 바꿀 수 있을 거라는 생각은 잠시 접어두길 바란다.

그보다는 고객이 왜 그렇게 생각하고 구매하고 사용하는지에 대한 고민을 더 하는 것이 바람직하다. 소비자의 인식을 따라가면서 소비자가 현재에 만족하는지, 아니면 개선을 원하는지를 파악해보자. 만약 소비자가 어떤 새로운 물건에 대한 니즈를 갖고 있고 당신의 브랜드가 그러한 잠재적 욕구를 충족시킬 수 있다면 이야기는 달라진다.

이때 글로벌 브랜드나 대기업이라면 트렌드에 기반하여 거시적인 관점에서 인식의 변화가 일어나리라 예측하고 장기적인 투자를 할 수 있다. 커뮤니케이션에 대한 투자를 지속한다면 인식이나 구매 행태가 변화할 가능성이 크기 때문이다. 하지만 이러한 투자는 개인이 운영하는 브랜드나 단기적인 성과를 내야 유지될 수 있는 브랜드에게는 무척 고된 길일 수 있다. 시간 여유가 많이 주어지지 않은 상황에서 브랜드를 성공시키고자 한다면 지름길을 선택하는 편이 더 나을 것이다.

브랜드 규모에 따라 전략은 달라져야 한다

본격적으로 해당 시장에 타깃이 얼마나 존재하는지 검토해보자. 이때 사용자 기준에서 생각해봐야 하는데 소비자의 사용 성향이나 패턴 또는 인식에 따라 그것이 '유효한 니즈'인지를 파악하는 것이 가장 중요하다.

두 가지 예를 들어보겠다. 당신은 '냉동식품' 하면 무엇이 먼저 떠오르는가? 우리나라는 냉동식품, 그중에서도 식재료 및 완제품에 대한 인식이 유럽이나 미국 등 해외 소비자가 갖고 있는 인식과는 많이 다른 편이다. 라이프스타일이 다르기도 하거니와 식생활 자체에서 오는 차이, 식재료의 차이에서 비롯된 것이 아닌가 하는 생각이 든다. 이런 라이프스타일을 반영하듯 장을 보는 공간 역시 다른 모습을 띠는데 슈퍼마켓이나 마트의 제품 진열 형태에서 이 차이를 확인할 수 있다.

최근 많이 변하긴 했지만 오랫동안 우리에게 익숙한 냉동식품의 진열 형태는 아이스크림 평대 같은 형태였다. 그리고 우리나라 소비자들이 냉동식품 코너에 대해 갖고 있던 인식은 주로 만두나 핫도그 등에 불과했다. 지금이야 냉동과일이나 냉동채소도 찾지만, 과거만 해도 냉동과일 등은 장마나 폭염의 이유로 과일·채소값이 급등했을 때 어쩔 수 없이 찾는 대체품에 가까웠다. 따라서 우리나라 오프라인 유통사들은 기본적으로 냉동식품보다 상온 및 냉장식품에 더 많은 면적을 할당하면서 냉장에 대한 니즈를 냉동보다 더 많이 강조해왔다.

그런데 만약 당신이 준비하는 제품 또는 유통 형태가 '냉동'이라면 어떨까? 기존 소비자 인식(냉동식품이라고 하면 만두, 핫도그 정도를 떠올리는)에 벗어난 것이라면 그 제품 또는 유통 형태를 재고해야 한다. 물론 어떤 제품을 출시하려 할 때 냉동 형태가 니즈에 더 적합한 상품이 있을 것이다. 하지만 단순히 냉동이 더 좋다는 이유만으로 선불리 뛰어들었다가는 '왜 소비자들은 이 좋은 걸 알지 못할까, 왜 인식이 바뀌지 않는 걸까' 하는 답답한 마음만 갖고 끝날 가능성이 크다. 물론 상품성이 다른 식품보다 월등하다면 즉, 뛰어나게 맛있거나 식감이 좋다면 진행을 안 해볼 이유는 없을 것이다. 그러나 인식을 바꿔야 구매가 일어날 정도의 상품이라면, 먼저 소비자의 이해와 인식의 변화를 이끄는 커뮤니케이션부터 시도해야 할 것이다.

또 다른 예는 고객의 대부분이 여성인 브랜드의 경우다. 이런 브랜드는 고객 확장 측면에서 어떻게 하면 남성까지 고객으로 유입시킬 수 있을지에 대한 고민을 자연스럽게 하게 된다. 하지만 고객 확장을 위해 남성을 타깃으로 캠페인을 하고 상품을 준비하고 프로모션을 한다고 해서 남성 고객이 쉽게 늘지는 의문이다. 물론 외부적인 환경 변화에 따라 자연스럽게 남성 고객이 증가할 수도 있다. 그러나 그렇지 않고 브랜드가 가지고 있는 고객에 대한 인식을 바꾸기란 무척 어려운 일이다. 여성 성향이 강한 화장품 같은 제품이라면 더더욱 그렇다. 과거 업무 차 미국 화장품 시장의 소비자를 조사하면서 화장품 사용 행태를 파악한 적이 있다. 그때 화장품에 대한 소비자의 개념과 인식이 회사가 생각하는 것과 너무 달라서 과연 회사가 고객의 인식을 바꾸는 일이 가능한가에 대해 고민한 적 있다. 이미 사용 루틴이 강하게 자리 잡은 제품이라면 영향력 있는 브랜드가 지속적으로 캠페인을 하지 않는 이상, 사용 행태를 바꾸기란 무척 어렵다. 이러한 인식의 변화는 대기업에서 큰 규모의 커뮤니케이션 투자를 통해 전방위적으로 소통할 때 가능한 영역이라고 말할 수 있다.

그러므로 소비자들의 인식을 바꾸는 작업은 국가나 뜻을 확고히 갖고 있는 대기업들에게 맡겨두고 시장과 고객 인식의 흐름에 맞춰

틈새시장을 공략하거나 기존에 해결되지 못한 고객의 불편함을 해소해주는 차별성으로 브랜드의 방향을 고민해보자. 물론 트렌드에 따라 외부적인 환경의 변화가 예측된다면 인식을 바꿔주는 투자는 주변에서 많이 할 것이니 그 흐름에 맞춰 발 빠르게 준비해보는 것도 나쁘지 않을 것이다.

고객에게
제공하고 싶은
핵심 가치 설정하기

시장 가능성을 점검한 후에는 어떤 고민이 필요할까? 당연히 고객이다. 브랜드를 실제로 구매하고 이용할 사람들이 그들이기 때문이다. 브랜드는 '고객 가치'를 중점적으로 고려하고 준비해야 한다.

고객 가치라는 개념은 시각에 따라 두 가지로 나뉜다. 한 가지는 고객이 제품을 사용하고 브랜드를 경험하면서 기대하고 인지하게 되는 가치다. 다른 한 가지는 브랜드 관점에서 고객에게 제공하고자 하는 가치다. 브랜드가 제공하고자 하는 가치와 실제로 고객이 경험하는 가치가 항상 일치하지 않을 수도 있다. 그러므로 브랜드는 장기적으로 브랜드가 지향하는 가치를 잘 전달하고, 동일한 가치를 고객이 경험하도록 만드는 것을 목표로 삼아야 한다. 이때 내 브랜드의 상품이 실제로 고객의 니즈에 부합하는지, 유사한 브랜드 상품들과는 어떠한 차별점을 가지고 있는지를 생각의 출발점으로 삼으면 좋다.

브랜드의 차별화 포인트 찾기

우리 브랜드가 고객에게 제공하는 차별화 포인트는 무엇일까? 차별화 포인트는 경쟁 브랜드와 비교해서 상품의 품질이나 혜택이 우수한지, 가격적인 측면에서 유리한지 또는 편의성이 높은지 등의 관점에서 검토해야 한다. 또한 고객들이 우리 브랜드를 선택하게 되는 요인이 상품 그 자체인지 아니면 상품 외 구매 여정 속 어딘가에 이유가 있지 않은지도 함께 살펴봐야 한다.

이와 더불어 브랜드가 최종적으로 지향하는 방향이 어딘지, 어떤 브랜드로 남고 싶은지도 결정해야 한다. 단순히 '이런 상품들을 파는 곳이야'라는 개념을 넘어 고객한테 제공하고자 하는 가치가 무엇인지 생각해야 하는 것이다. 상품에 대한 USP Unique Selling Point 측면으로 돌아가 해당 상품이 고객한테 어떠한 혜택을 제공하는지 구체적으로 고객 입장에서 생각해보자. 우리 상품이 보유하고 있는 USP, 즉 차별화된 강점은 무엇인가? 경쟁사 상품 대비 제공하는 혜택이 편리성인가 아니면 독특한 경험인가? 이러한 목록 중 한 가지에 도달했다면, 그러한 혜택이 모든 고객에게 동일하게 적용될 수 있는 것인지도 확인해봐야 한다. 즉, '해당 차별성은 어떤 고객층에게 정말 필요한 것일까?' 하는 식으로 고객층을 구체화하고 그 수요에 대한 부분까지도 함께 고민해봐야 한다.

이렇게 차별화 포인트를 생각하다 보면 자연스럽게 고객들이 어떤 성별, 연령 또는 어떤 관심사를 갖고 있는지 등에 대한 구체적인 고민까지 연결될 것이다. 그래서 브랜드들은 이용 고객에 대한 구체적인 페르소나persona를 설정하기도 한다. '29세의 직장 여성으로 특정 지역에 거주하며 어떠한 라이프스타일을 갖고 있다'는 식으로 말이다.

또 다른 방법으로는 타깃 고객을 먼저 설정하고 거꾸로 차별화 포인트를 찾는 방식도 있다. 고객 수요가 높은 제품군을 타깃으로 하여 역으로 상품의 차별화를 잡아 나가는 방법도 가능하다.

초기 타깃을 설정하는 방법

모든 브랜드의 최종 목적은 '대중mass'이 사랑하는 브랜드가 되는 것일 테다. 하지만 처음부터 모든 사람을 타깃으로 삼을 수는 없으며 모든 사람에게 사랑받는 것도 불가능하다. 그러므로 단계별

작업이 필요하다. 브랜드를 전달하고 커뮤니케이션을 용이하게 하기 위해서는 좁은 고객층에서 시작해야 한다. 세분화된 고객을 설정하고 작게 시작해서 점차 확대해나가는 것이다.

고객은 메인 고객, 서브 고객 및 장기적으로 확장 가능한 잠재 고객으로 나뉜다. 메인 고객은 현재 시점에서 브랜드에 관심을 갖고 구매 목적에 부합하는 주요 소비자층을 일컫는다. 메인 고객이 전체 매출의 많은 부분을 책임지는 소비자라면, 서브 고객은 메인 고객만큼의 큰 부분을 차지하지는 않지만 부가적으로 매출을 일으켜주는 소비자를 말한다. 서브 고객은 메인 고객보다 소비자의 특징이 명확하거나 범위가 좁은 편에 속한다. 잠재 고객은 장기적으로 추가 상품 출시 계획이 있거나 브랜드 내 서브 브랜드를 새롭게 만들 때, 이러한 확장성 측면에서 추가적으로 확보할 가능성이 큰 고객을 말한다.

대부분의 창업자들이 메인과 서브 고객에서만 매출이 나온다고 여겨 잠재 고객에 대해서는 생각하지 않으려는 경향이 크다. 하지만 브랜드 운영은 장기적 관점에서 살펴봐야 한다. 브랜드를 어디까지 확장시킬지 고민함과 동시에 어떤 소비자까지 고객으로 끌어들일지 생각해볼 필요가 있다. 이렇게 타깃 설정은 메인 고객을 시작으로 궁극적으로는 어떠한 가치를 제공할 것인지에 대한 부분까지 생각해야 하는 문제다. 그러므로 단순히 '어떤 장점들을 가진 상품을 제공한다'라는 개념을 넘어 각 고객들의 니즈는 무엇인지, 그에 맞게 어떠한 가치를 제공해야 하는지를 정리해두면 좋다. 브랜드에 따라 '가성비'라는 가치가 고객에게 차별화 전략이 되는 곳도 있을 것이고 브랜드가 제공하는 '즐거움'이 핵심인 곳도 있을 것이다. 이러한 각각의 주요 핵심 가치를 필요로 하는 페르소나를 만들고 이에 대한 시나리오를 짜보는 것도 도움이 된다. 고객 관점에서 이러한 가치 평가 프로세스를 진행해야 하는 이유는 결국 고객이 어떤 가치를 얻고 느끼는지가 브랜드를 이용하는 지속성과도 깊이 연관되기 때문이다.

소비자 조사 종류 및 방법

타깃 고객을 설정했다면 이제는 고객의 니즈를 분석할 차례다. 만약 브랜드를 운영하는 사람이 해당 브랜드의 메인 고객에 해당한다면 가장 명확하게 니즈를 파악할 수 있다. 하지만 이런 경우라도 개인의 성향에 따라 차이가 클 수 있으니 잘못 판단하는 우를 범해서는 안 될 것이다.

고객 관점에서 정확하게 니즈를 파악하고자 한다면 소비자 조사를 실시해보는 것이 좋다. 소비자 조사의 종류는 정성적 조사와 정량적 조사가 있다. 인사이트 발굴을 위해 정성 조사를 먼저 진행하고 이후 소비자 니즈 검증을 위한 정량 조사를 병행해 실시하기도 한다. 더불어 브랜드 운영 중간 단계라도 타깃의 확대가 필요하다고 여겨지면 해당 시장의 브랜드 지표 확인을 위해서라도 정량 조사를 하는 게 좋다. 다만 정량 조사는 표본이 되는 인원수가 많아야 유의미한 지표를 얻을 수 있으므로 주의가 필요하다.

조사 형태도 실제로 대면해 진행하는 방식과 오픈 서베이를 통해 진행하는 방식 두 가지가 있다. 질문이 명확할 경우 질문을 토대로 진행하는 설문조사(과거 주로 만족도 조사에 많이 사용된 방법) 형태가 가장 편리하다. 최근에는 단답형 문항을 통해 진행하는 경우 외에도 이미지나 영상을 통한 조사 방식으로 점점 고도화되는 추세다.

정량적인 설문조사 방식에서 한발 더 나아가고자 한다면 직접 대상 소비자를 모집해서 인터뷰를 진행해보는 것도 방법이다. 포커스그룹 인터뷰FGI, Focus Group Interview 방식과 개별 심층 면접IDI, In-Depth Interview 방식이 대표적이다. 필요에 따라서는 소비자의 '공감 정도'를 수집하기 위해 현장 인터뷰를 실시하는 경우도 있다. 타깃으로 삼은 시장이나 연령대에 따라 양상이 다를 수 있지만 최근에는 인터뷰 모집을 주로 온라인 채널, 특히 SNS 채널을 활용해 많이 진행하곤 한다.

표본 신뢰도를 위해 많은 인원을 모집하고 질문을 만들고 인터뷰를 하다 보면 이러한 조사가 결코 쉽지 않은 일임을 깨닫게 될 것이다. 하지만 내 브랜드의 상품이 타 브랜드에 비해 어떤 다른 차별성이 있는지 파악하려면, 그리고 고객이 그러한 차별성을 어떻게 느끼고 경험하는지 파악하려면 이 같은 수치적인 평가와 정성적인 평가가 꼭 이루어져야 한다. 이런 데이터를 바탕으로 과연 제품의 출시가 가능한지 혹은 어떤 부분을 개선해야 하는지에 대한 명확한 결정을 내릴 수 있다.

'가치'를 기준으로 처음에 그렸던 그림을 점검하라

앞에서 설명한 소비자 조사 과정이 끝났다면 이제 가장 중요한 부분이 남았다. 바로 조사 결과를 분석해서 인사이트를 도출하고, 그 인사이트를 정리해서 브랜드가 가야 할 방향에 대해 논의하는 것이다. 처음에 그렸던 그림을 다시 점검하면서 논의를 진행해야 한다.

브랜드가 제공하는 기본적인 가치는 통상적으로 제품이 제공하는 편의성 또는 혜택을 말한다. 그 기본 가치에 더해 타 브랜드와 차별화되는 우리 브랜드만의 강점을 강화하는 가치를 각각 단계로 정리해볼 수 있을 것이다. 이를 바탕으로 브랜드 스토리 및 브랜드 에센스를 정리해보자. 브랜드 에센스는 앞서 이야기한 브랜드가 고객에게 제공하고자 하는 차별화된 가치를 말하며, 브랜드 스토리는 쉽게 말해 브랜드가 탄생하게 된 배경을 뜻한다. 고객 커뮤니케이션 측면에서 '사실'을 주장하는 방식보다 '스토리'가 있으면 브랜드에 대한 이해와 인지도를 높이는 데 많은 도움이 된다.

브랜드의 매출은 메인 고객을 확보하면서 일어난다. 메인 고객을 끌어들이는 것과 더불어 어디까지 고객을 확장시켜 브랜드를 운영할지 이 단계에서 결정해두면 좋다. 브랜드가 제공하는 가치에 따라 타깃층을 단계별로 설정하고, 어느 시점에서 어떤 전략을 가지고 마케팅을 할지에 대해서까지 말이다.

달성 가능한
매출
예측해보기

아직 브랜드 운영에 대한 초기 단계를 이야기하는 중인데 매출 예측이 왜 먼저 나올까 의문이 들 수 있다. 여기서는 투자 비용 대비 매출을 계산하는 구체적인 과정까지 다 설명하지는 않을 것이다. 다만 '실현 가능 매출'이 대략 어느 정도일지 가늠해보는 일은 무척 중요하기에 여기서 먼저 짚고 넘어가려 한다. 어쩌면 이 과정을 통해 브랜드 론칭 자체를 재고해볼 수도 있으니 말이다.

먼저 해당 시장 규모 및 시장점유율을 어느 정도까지 차지할 수 있을지에 대한 예측부터 시작해보자. 그다음 브랜드가 얼마만큼 단계적으로 매출을 달성할 수 있을지 예측하는 것이 좋다. 현시점에서 향후 2~3년 또는 장기적인 관점에서 5년, 10년 후 어떤 전략으로 어느 정도 매출을 달성할 수 있을지 점검해보자.

브랜드 론칭을 재고해볼 수 있는 단계

시장 규모나 경쟁사에 대한 대략적인 매출을 알 수 있는 방법은 앞서 설명한 바 있다. 올해 시장의 연간 매출 규모, 전년도와 올해 간의 증감 추이는 시장을 전망하는 데 큰 도움이 된다. 물론 수치만으로 이런 예측을 하기란 쉽지 않기 때문에 외부적인 변화와 영향을 미칠 수 있는 내부적인 변화도 감안해야 한다. 예를 들면, 가구 인원수의 감소나 고령 인구의 증가 등 매출 규모에 영향을 주는 외부적인 환경 특징이 있다. 다양한 통계 자료와 시장 분석 리포트를 통해 시장 규모를 1차적으로 확인해보자. 이러한 공식적인 자료가 없다면 앞서 이야기한 검색어 트렌드를 통한 방법을 활용해보면 된다.

시장 내의 주요 플레이어 즉, 경쟁사들의 매출이 얼마인지, 각각 어느 정도의 시장점유율을 차지하고 있는지도 확인해야 한다. 시장 내 주요 브랜드가 통상적으로 80퍼센트 이상의 시장점유율을 차지한다고 가정해보자. 그럼 시장 내 나머지 20퍼센트에 해당하는 매출 규모는 얼마인지 확인할 필요가 있다. 당신이 20퍼센트에 해당하는 규모로 브랜드를 운영할 목적이 아니라면 점유율을 어디까지 확대하면 좋을지 생각해보자. 경쟁사 매출은 이용하는 고객 수를 중심으로 객단가를 곱하면 나온다. 온라인상에서 브랜드의 경쟁력을 표현하기 위해 '몇십만 명 또는 몇백만 명 고객 달성'이라는 홍보 문구가 많이 쓰이는 걸 볼 수 있는데, 이렇게 고객 수에 해당 브랜드를 방문했을 때 한 번 구매하게 될 객단가를 예측하여 곱해주면 대략적인 예상 매출액 파악이 가능하다.

외부적인 요인 즉, 시장, 경쟁사 및 고객을 점검함으로써 매출을 예측해봤다면 다음 단계는 매출을 실제로 일으키는 '상품의 구매'를 통한 예측이 필요하다.

현실과 이상 사이의 매출 예측

브랜드를 이용할 고객 수가 대략 얼마일지 한번 생각해보자. 경쟁사 매출을 통해 한 사람이 구매하는 객단가를 대략 예측해볼 수 있다면, 고객 수 역시 예측이 가능하다. 대략적인 고객 수를 설정하고 상품 판매 금액을 설정했다면, 한 달에 혹은 연간 몇 개까지 판매할 수 있을지를 예측해보자. 매출 기준을 달성하려면 고객이 몇 개의 상품을 얼마만큼의 주기로 구매를 해줘야 하는지 시뮬레이션해보는 것이다. 물론 세부적으로 들어가면 고객의 종류도 신규와 재구매로 나눠지겠지만, 이 단계에서는 전체적인 고객 수 정도를 가늠해보는 것만으로도 충분하다. 만약 객단가가 높다고 치면 한 달 또는 연간 판매해야 하는 개수가 싼 가격의 상품에 비해서 현저히 낮을 것이다. 물론 그렇다고 판매 금액이 높은 상품이 무조건 좋은 매출 결과를 가져다준다는 말은 결코 아니다. 이러한 예측이 지나치게 냉정해서도 안 되며 과하게 이상적이지도 않아야 함을 명심할 필요가 있다.

시장 내 점유율을 빼앗아오거나 빼앗기는 과정을 필연적으로 겪겠지만 대략적인 판매에 대한 예측을 해두어야 예상치 못한 상황에 대비를 할 수 있다. 한마디로 '이 정도까지는 할 수 있겠다'라는 예측을 하고 시작해야 하는 것이다. 이것이 실패의 리스크를 최소화하는 방법이다. 준비하고자 하는 상품의 가격은 어느 정도인지, 고객들이 한 상품만 살지 여러 상품을 한꺼번에 같이 살지에 대한 예측 또한 필요하다. 이를 통해 객단가가 나온다면 상품의 구매 주기에 따라 매출 예측은 달라진다.

매출에 대한 예측은 비즈니스를 시작하기 전에 시장, 경쟁사, 고객이 될 소비자까지 파악해야 대략적인 그림을 그릴 수 있다. 그리고 이것이 선행되어야 해당 상품이 시장 내에서 얼마나 경쟁력 및 차별성을 가질 수 있을지가 보인다. 물론 이러한 매출 예측이 비단 수치적인 것으로만 결정되지는 않는다. 정성적인 부분 즉, 브랜드 콘셉트와 스토리 등도 매출에 많은 영향을 끼친다. 비슷한 상품을 팔아도 왠지 저렴한 느낌이 드는 브랜드가 있고 고급스러워 보이는 브랜드가 있다. 그러면 당연히 가격에서도 큰 차이가 발생한다. 바로 이것이 차별화 포인트를 통해 구현되어야 할 부분이다. 이런 것들 역시도 매출 예측 요소에 다 포함시켜야 한다.

PART 2

디지털 환경에
최적화된
브랜드
구축하기

브랜드 론칭을 위한 초기 준비 단계

시장, 경쟁사 및 고객을 점검하고 미래의 매출 규모를 점검해보았다면 이제 본격적인 브랜드 구축 준비 단계로 들어가보자. 크게는 세 가지 준비가 필요하다. 첫째는 브랜드를 '만드는' 것에 대한 준비, 둘째는 상품에 대한 준비, 셋째는 판매에 대한 준비다.

브랜드 만들기

먼저 브랜드의 핵심 가치에 부합하는 브랜드 콘셉트가 필요하다. 한눈에 보고 이해할 수 있는 네이밍과 로고라면 브랜드를 커뮤니케이션하는 데 더할 나위 없이 도움이 된다. 브랜드 콘셉트를 바탕으로 브랜드의 성격을 잘 드러내줄, 고객 접점에서 활용될 디자인 어플리케이션도 필요하다. 특히 여기서 각 접점 곳곳에서 어떤 요소들이 준비되어야 하는지 결정이 나는데, 예를 들면 고객이 상품을 받아보는 순간을 고려해 패키징에 활용하게 되는 테이프 또는 리플릿 등을 결정하는 것을 말한다. 또 브랜드를 시각적으로 가장 잘 나타내주는 메인 및 서브 컬러를 지정해야 한다. 시각적인 영역 외에도 브랜드가 탄생한 스토리나 슬로건 같은 메시지 역시 준비해야 브랜드를 인지시키는 시간을 단축할 수 있다. 여기까지가 브랜드 커뮤니케이션을 위한 준비들이다.

지금 당장은 아니어도 향후에 브랜드 공식몰을 만들 계획이 있다면 도메인 확보 및 상표권 등록도 미리 이루어져야 한다. 다른 온라인 커머스 플랫폼에서 상품을 판매하다가 나중에 도메인을 확보하려고 하면 때는 이미 늦다. 만약 다른 사람이 도메인을 선점하고 있다면 쓸데없이 비싼 비용을 주고 사야 하거나 사용하지 못하는 상황도 벌어지니 이를 유념해야 할 것이다. 추가적으로 SNS 채널에서 운영할 계정 이름 또한 등록해두는 것이 좋다.

상품 준비하기

두 번째는 상품 자체를 준비하는 과정이다. 여기서는 어떤 상품을 판매할 것인지 결정됐다는 가정하에 이야기하도록 하겠다. 온라인 환경에서 신규 사업을 시작하는 사람이라면 앞선 시장과 소비자 분석을 통해 어느 상품군을 다룰지 결정했을 것이다. 또 기존에 오프라인 환경에서 사업을 해왔던 사람이라면 취급하는 상품이 이미 있고, 앞선 시장과 소비자 분석을 통해 온라인상에서의 브랜드 구축 방향이 결정됐을 것이다. 그러므로 이 단계에서는 상품을 준비하는 방법 및 고려 사항에 대해 이야기하도록 하겠다.

상품을 준비하는 방식은 무척 다양하다. 그리고 그 방식에 따라 비용 구조 역시 다르다. 제조 바탕의 상품 기반 비즈니스라면 OEMOriginal Equipment Manufacturing(주문자 위탁 생산)과 ODM Original Development Manufacturing(제조업자 개발 생산) 방식 중 하나를 선택해야 한다. 제조업체에서 어느 정도 범위와 깊이로 상품 개발에 참여하는지에 따른 구분이다. 또 공급받는 방식과 공급가 설정에 따라 기본 생산 방식 또는 발생되는 소싱 금액이 달라진다.

상품 기반 비즈니스에서는 최소 주문 수량MOQ, Minimum Order Quantity 또는 (직접 생산 오더를 하지 않을 경우) 최소 구매 수량MPQ, Minimum Purchase Quantity 개념을 이해해야 한다. 많은 사람들이 MOQ를 간과하는 경우가 많다. MOQ와 연결하여 반드시 점검해야 하는 부분은 유통기한이다. 유통기한이 정해진 상품의 경우 한번 생산되는 MOQ와 한번 구매해오는 MPQ를 과연 유통기한 내 소진할 수 있는지 검토해야 한다. MOQ 또는 MPQ가 초기 투자 비용으로 들어감은 물론 기한 내 소진이 불가능하면 최종적으로는 폐기까지 이어져 영업손실에 해당되는 부분이기 때문이다. 특히 사업 초기에는 MPQ보다 MOQ가 조율이 더 어려울 수 있기 때문에, MOQ에 대한 조율이 필수적으로 이루어져야 한다. 제조업체도 자동화 시스템을 갖춘 곳이라면 최소 생산량이 정해져 있다. 만약 자동화가 아닌 수작업으로 생산하는 방식이라면 하루 생산할 수 있는 양과 단가에 대한 논의가 반드시 진행돼야 한다. 기성품을 그대로 가져오는 형태거나 주문 후 제작을 할 수 있는 영역이라면 상대적으로 부담이 덜하겠지만 사실상 온라인 시장에서 시간적으로 여유가 있는 영역이나 상품은 그다지 많지 않기 때문이다. 생산에 여유가 있으려면 상품 판매 예측을 정확하게 해야 하는데 초기에는 이것이 더더욱 쉽지 않다.

판매 준비하기

상품이 준비됐다면 이제 어디에서 팔지 정해야 한다. 온라인 환경에서 판매 채널은 크게 브랜드 자체 공식몰과 온라인 커머스 플랫폼으로 나뉜다. 어느 채널이든 판매를 위해서 기본적으로 필요한 것이 바로 썸네일과 상세페이지다. 쉽게 이야기하면 상품에 대한 이미지와 상품에 대한 설명이 필요하다. 썸네일에는 상품 이미지와 더불어 상품의 특징을 잘 나타내고 소비자의 구매 욕구를 일으키는 짧은 소개글이 들어가야 한다. 또한 상세페이지는 브랜드의 전체적인 톤앤매너Tone and Manner에 맞는 레이아웃과 디자인으로 브랜드의 이미지를 보여줘야 한다. 여기서 톤앤매너란 스타일, 콘셉트 또는 분위기 등을 말한다.

여러 제품이 계속해서 나오는 게 아니라면 이러한 이미지 촬영과 에디팅 작업은 한 번에 하는 편이 좋다. 내부에 이런 업무를 할 자체 인력이 없다면 외주를 활용하는 것도 방법이다. 상품에 대한 상세페이지와 썸네일만 준비된다면 바로 판매를 시작할 수 있기 때문에 일회성으로 외주를 통해 제작을 맡기는 것도 가능하다. 프리랜서의 포트폴리오를 보고 브랜드가 생각하는 느낌과 유사한 또는 유사한 상품군을 디자인한 경험이 있는 프리랜서를 찾아서 단기적으로 일을 맡기는 방법도 있다. 최근 프리랜서를 매칭해주는 사이트들도 많아져서 외주 작업을 맡기기도 쉬워졌다. 무슨 일이든 마찬가지겠지만, 사진 촬영과 디자인 작업은 좋은 퀄리티를 원하면 그만큼의 비용이나 예산이 많이 들게 되고, 기본적으로 구색만 갖춘다고 생각하면 최소한의 비용으로도 준비는 가능하다.

브랜드 공식몰을 구축하고자 한다면 우선적으로 확보해둔 도메인을 바탕으로 준비를 시작해보자. 웹사이트를 구축하는 방법도 다양하고 그 비용도 형태에 따라 천차만별이다. 원하는 기능을 다 구현하고자 하는 커스터마이제이션customization 형태가 아니더라도 웹사이트는 충분히 만들 수 있다. 처음부터 웹사이트 개발에 큰 공을 들이는 브랜드들도 있는데 꼭 그럴 필요는 없다. 오히려 운영을 하다 보면 브랜드에 필요한 기능들을 알게 되므로 그에 맞는 개발 방법은 향후에 고민해도 늦지 않다. 처음에는 비용 최소화를 고려해 카페24나 메이크샵 같은 임대형 플랫폼을 통해서 간편하게 시작하기를 권한다. 임대형 플랫폼은 이용료와 전체적인 디자인 레이아웃 설계 및 제작에 대한 비용만 투자하면 되니 부담이 덜하다. 이렇게 웹사이트까지 구축되면 상품에 대한 준비, 상품 판매를 위한 준비 그리고 상품을 판매할 공간까지 준비가 다 완료된 것이다.

최소한의 마케팅을 계획해보라

판매 채널에 대한 준비를 마쳤다면 추가적으로 마케팅에 대해 생각해보길 바란다. 상품만 등록하고 노출시킨다고 해서 알아서 고객이 생기고 판매되는 것이 아니다. 큰 비용과 규모로 마케팅을 진행하지 않더라도 최소한의 마케팅은 필요하기에 그 비용이 얼마가 될지 생각해보자.

이 단계에서 마케팅은 온라인 환경의 잠재 고객들에게 수많은 브랜드들 속에서 우리 브랜드를 인지시키고 구매를 유도하는 역할을 해야 한다. 기본적으로 초기에 진행할 수 있는 마케팅으로는 무엇이 있을까? 가장 먼저 생각해볼 수 있는 것이 온라인 광고다. 물론 온라인 광고 구좌들의 경우에도 예산이 적지 않게 들지만, 대부분이 노출 또는 클릭 수에 따른 과금 방식인 경우가 많기 때문에 운영을 해보다가 효과가 없으면 중단해도 된다. 혹은 입찰을 통해 비용이 상대적으로 저렴한 시간대나 기간을 선택하는 것도 하나의 방법일 수 있다. 광고 구좌의 종류는 많기 때문에 효율 중심으로 집행한다면 충분히 예산을 절약하면서 운영할 수 있다.

두 번째는 인플루언서를 통하는 방법이다. 팔로워 수에 따라 큰 비용을 요구하는 인플루언서도 있지만, 상품 협찬만으로도 좋은 글을 올려주는 인플루언서도 많다. 상품 원가는 드는 셈이니까 아예 비용이 들지 않는 것은 아니지만 최소한으로 시작할 수 있는 방법이다. 최근에는 콘텐츠를 통해서 브랜드를 홍보하는 방식이 다채로워지면서 콘텐츠에 대한 투자도 많아졌다. 마케팅 비용으로 어느 정도까지 쓸 수 있는지 금액을 설정하고 어떻게 운영할지에 대한 계획을 같이 세우면 효율적으로 관리할 수 있다.

이러한 기본적인 준비 사항들 외에 택배비나 물류비 부분에 대해서도 검토가 필요하다. 상품의 특성에 따라, 묶음 판매 또는 단품 판매에 따라 택배 비용이 달라지기 때문이다. 식품 분야의 경우에는 냉동, 냉장 또는 상온 상품에 따라 추가되는 아이스팩이나 드라이아이스와 같은 부자재 비용을 감안해야 한다. 이 외에도 온라인 커머스 플랫폼 채널에서 판매하고 있다면 그에 따른 수수료 및 카드 수수료 등의 요소도 고려해야 한다.

지금까지 브랜드 구축 시 필요한 준비 단계들에 대해 살펴보았다. 뒤에 이어질 내용에서 브랜드를 구축하는 각 과정에서 부딪히게 되는 문제들, 간과해서 놓치기 쉬운 문제들에 대해 상세하게 살펴보겠다. 누가 먼저 이야기해주지 않으면 잦은 실수와 실패를 몸소 겪으면서 깨닫게 되는 것들이다. 머릿속으로 생각한 대로 모든 것이 원활하게 진행되면 좋겠지만, 우리는 늘 예기치 못한 상황들을 만나게 된다. 조금이라도 미리 알고 이에 대비한다면 시행착오를 줄이고 순조롭게 일을 해나갈 수 있을 것이다.

■ 브랜드 초기 구축을 위한 체크리스트

- 네이밍하기, 로고 및 컬러 정하기, 등
- 도메인, SNS 계정, 상표권 확보하기
- 상품 공급사 또는 생산처 구하기
- 썸네일, 상세페이지 제작을 위한 콘텐츠 및 이미지 정하기
- 마케팅 방식 결정 및 예산 짜기
- 유통 채널 거래 또는 브랜드 공식몰 영업 전략 세우기

브랜드 가치를
제대로
표현하는 법

앞서 언급한 상표권, 로고, 도메인 등 브랜드와 관련된 준비 사항들에 대해 좀 더 이야기해보자. 그리고 실제 운영에 꼭 필요한 요소는 아니지만 고려해두면 좋을 부분들, 바로 다른 브랜드와의 차별성과 브랜드가 제공하고자 하는 가치를 느끼게 해주는 요소들에 대해서도 다뤄보자. 같은 시장 내에 당신의 브랜드와 유사한 네이밍이 있다고 해도 고객이 기억하고 인지하는 브랜드가 되고자 한다면 이름 외에도 다양한 것들을 생각해봐야 한다.

브랜드 네이밍과 스토리, 슬로건

브랜드를 준비하는 단계에서 적합한 이름이 번뜩일 때가 있다. 또는 브랜드의 핵심 가치를 바탕으로 이름을 만들어야 하는 때가 온다. 브랜드 이름을 구상할 때는 고객에게 제공하고자 하는 가치를 바탕으로 시작하면 수월하다. 상품을 네이밍할 때도 해당 상품의 차별화 요소를 명확하게 규명하고 이를 담아낼 수 있는 네이밍을 찾아야 고객 커뮤니케이션을 할 때 더 용이하다.

브랜드 가치를 중심으로 브랜드를 잘 설명해줄 수 있는 브랜드 스토리도 필요하다. 브랜드가 어떻게 탄생을 했고, 어떤 의미를 담고 있으며 다른 브랜드와 무슨 차별성이 있는지 간단한 이야기 형태로 정리가 되면 좋다. 사람들은 단순한 메시지보다 이야기 속에 담긴 메시지를 더 잘 기억하기 때문이다.

여기에 더해 브랜드 스토리를 바탕으로 고객에게 제공하고자 하는 가치를 짧은 슬로건 형태로 만들어두면 활용도가 높다. 슬로건은 브랜드의 방향성과 전략을 잘 담고 있어야 한다. 이케아를 예로 들어보자. 이케아의 브랜드 슬로건은 "환상적인 매일The Wonderful Everyday"로, 매일 아름다운 삶을 제공한다는 그들의 아이덴티티를 잘 드러낸다. 이러한 짧은 문구 형태의 슬로건은 고객 입장에서 브랜드를 쉽게 이해하도록 해주고 고객과의 커뮤니케이션을 도와주는 역할을 한다.

슬로건은 고객이 공감하거나 필요성을 충족시켜줄 수 있는 방향으로 설정해야 한다. 간혹 브랜드가 전달하고 싶은 슬로건을 만들었는데 고객의 공감을 전혀 불러일으키지 못하는 경우가 있다. 이러면 슬로건이 마케팅에 활용되는 데 한계가 있다. 그렇다고 고객이 생각하는 방향에만 맞춰 슬로건을 설정해서는 안 될 것이다. 브랜드가 지향하는 방향과 다른 방향으로 흘러갈 가능성이 높고 브랜드가 주체적인 위치를 잃게 될 위험도 있기 때문이다. 균형 잡힌 슬로건을 만들기란 무척 어렵지만, 슬로건의 역할이 큰 만큼 신중히 고민해야 한다.

시즌에 따라 혹은 별도의 마케팅 캠페인을 진행할 때 캠페인에 맞는 별도의 슬로건이 나오는 경우도 있다. 이케아의 경우는 2019년에 "깨워요, 멋진 날"이라는 슬로건을 활용했고 2020년에는 "내가 아끼는 집, 나를 아끼는 집"이라는 슬로건으로 건강하고 지속가능한 생활을 이야기하고자 했다. 이렇게 일정 시즌 동안 고객과 커뮤니케이션하고자 하는 메시지를 만들면 기존 브랜드 슬로건을 더 구체화시키고 보완하는 효과를 가져오기도 한다.

BI와 VI 설정

다음으로는 이렇게 정리된 내용을 아우를 수 있는 브랜드 아이덴티티BI, Brand Identity(이하 BI)가 필요하다. BI는 쉽게 이야기하면 고객의 마음속에 자리 잡길 원하는 브랜드의 이미지다. 운영을 위해서 브랜드명과 기본적인 로고가 필요하다면, 로고 이상의 브랜드를 나타낼 수 있는 BI와 이를 시각적으로 잘 표현해줄 수 있는 비주얼 아이덴티티VI, Visual Identity(이하 VI)까지 준비되면 더 좋다. 이 두 가지가 갖춰져야 브랜드가 고객의 마음속에 자리 잡을 수 있기 때문이다. 브랜드를 그림과 글자로 표현해주는 로고는 영문 로고 타입과 한글 로고 타입 두 가지 다 사용한다. 한글과 영문 로고 중 하나를 선택하라면 브랜드 초기에는 한글 로고가 브랜드를 인지시키는 과정에서 훨씬 용이하다. 아무래도 영문보다 한글을 더 빠르게 인지하고 기억하기 때문이다. 로고를 만들 때는 기본적으로 어디서 많이 본 듯한 로고는 피해야 한다. 유사한 브랜드 로고와 혼선이 있어서 다른 브랜드를 연상시키는 로고는 명백히 잘못 만들어진 로고다. 반면 브랜드만의 특징을 심오하게 담으려고 지나치게 독창적으로 만들면 고객의 기억 속에 쉽게 남지 못하게 되는 문제가 생기니 주의하도록 하자.

로고나 BI를 고객의 기억 속에 강렬하게 남기려면 이미지 모양 그 자체와 더불어 브랜드를 잘 표현해줄 수 있는 컬러에 대한 설정도 필요하다. 컬러가 로고를 기억하기 쉽게 만드는 역할도 하지만 해당 브랜드가 속한 카테고리를 인지시켜주기도 한다. 그래서 통상적으로 산업별 로고 컬러 사용 매트릭스를 보면 같은 카테고리 내

브랜드 아이덴티티(BI)와 비주얼 아이덴티티(VI)의 범위

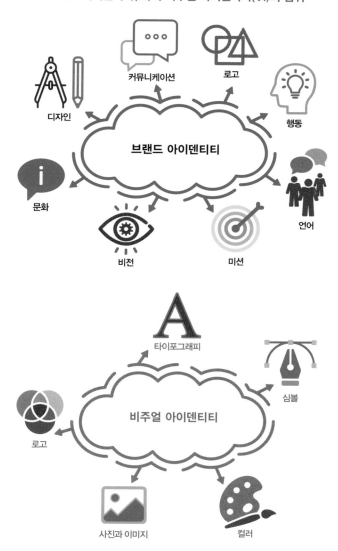

메인 컬러 및 서브 컬러 설정 방식

메인 컬러

브랜드 로고 컬러로도 사용되며 브랜드를 연상시켜주는 컬러
주로 많은 영역에서 활용

서브 컬러 1

메인 컬러와 조화롭게 활용
웹사이트 내 포인트 컬러 역할

서브 컬러 2

서브 컬러 3

에서 비슷한 컬러들이 쓰인다는 것을 발견할 수 있다. 식품을 예로 들자면, 자연 재료의 신선식품 브랜드의 경우는 신선함을 표현하기 위해서 주로 그린 계열의 컬러를 활용하는 경우가 많다. 가공식품 브랜드는 미각을 자극시키는 레드 또는 오렌지 계열의 컬러를 많이 활용한다. 그 외 특정 상품 카테고리가 아닌 프리미엄이라는 가치를 강조하고자 하는 브랜드들은 블랙, 아이보리를 포함한 낮은 채도의 무채색 계열로 아이덴티티를 드러낸다.

같은 컬러 내에서도 채도나 명도를 조절해서 활용되는 경우도 많다. 경쟁 시장 내 브랜드들의 컬러 스킴(색채의 기능을 효과적으로 활용하기 위한 계획)에 대해 벤치마킹을 해보면 재미있는 모습들을 발견하게 될 것이다. 물론 시장과 전혀 관계없는 컬러를 지정해서 이를 마케팅에 활용하는 기업들도 많다.

브랜드에 적용되는 컬러는 메인과 서브 몇 가지 정도로만 설정하는 것이 좋다. 온라인 브랜드 공식몰에서 가장 중심이 되는 색을 하나 정하고 이와 조화를 이루는 몇 가지 색을 서브 컬러로 고민해보자. 메인 컬러가 빨간색인데 서브 컬러를 파란색으로 설정하는 브랜드는 본 적 없을 것이다. 이렇듯 서브 컬러는 통상적으로 메인 컬러를 보완해주는 색상을 활용하는 경우가 많다.

상세페이지를 작업할 때도 설정한 컬러를 어느 정도 활용해야 고객에게 일관된 브랜드 콘셉트를 전달하기가 용이하다. 브랜드에 따라서 컬러는 로고만큼의 영향력을 가진다. 어떤 색깔을 봤을 때 곧바로 인지 또는 연상되는 브랜드나 온라인 커머스 플랫폼이 있다면 컬러 마케팅을 잘한 것이다. 대표적인 사례가 컬러만 봐도 연상되는 이케아나 배달의 민족 같은 브랜드들이다.

이처럼 운영에 있어서 기본적인 요소들 외에도 브랜딩을 위한 요소들을 하나씩 준비하는 것이 필요하다. 고객의 마음속에 자리 잡고자 하는 이미지를 설정해서 브랜드가 생각하는 방향에 맞춰 전체적인 BI를 준비하고 이를 바탕으로 VI에 대한 준비를 해야 한다. 보통 로고나 컬러 등 디자인 요소만 보고도 어떤 브랜드인지를 고객이 바로 알아차린다면 일관성을 잘 유지하고 있다고 평가한다. 고객에게 명확하게 브랜드에 대한 이미지를 전달한다는 뜻이기 때문이다. 이러한 모든 스토리, 슬로건, 로고 및 컬러 시스템은 브랜드의 중요한 가치가 된다.

잊지 말고
챙겨야 할
브랜드의 권리

앞서 브랜드 구축과 운영에 필수적인 네이밍과 로고 설정, 도메인 확보에 대해 간단히 짚어봤다. 이처럼 브랜드를 구축하고자 할 때는 필수적으로 챙겨야 할 권리 외에도 손해를 방지하기 위해 꼭 미리 알아두어야 할 권리들이 있다. 향후 브랜드 리스크를 최소화할 수 있는 내부적 측면의 권리들도 있고 함께 일하게 될 사업 파트너와의 사이에서 고려해야 할 부분 즉, 외부적인 측면에서 살펴봐야 할 권리도 있다. 먼저 브랜드와 관련된 내부적 측면에서 생각해봐야 할 요소들에 대해 한번 살펴보자.

브랜드 네이밍과 상표 등록의 중요성

브랜드와 상품에 맞는 이름을 찾았다면 그것을 검색엔진 또는 SNS 채널에서 검색해 어떤 결과가 나오는지 1차적으로 확인해야 한다. 가끔은 브랜드와 로고를 실컷 만들어놨는데 유사한 이름의 브랜드가 같은 시장 내에서 인지도를 선점해버려 브랜딩에 투자하는 만큼의 효과를 보지 못하는 경우도 있다. 하지만 가령 내가 진출하려는 분야가 식품인데, 염두에 둔 네이밍을 검색해봤더니 펜션 이름이나 아동복 브랜드로 검색 결과가 나온다면 사용하지 않을 이유는 없다. 동일한 이름의 브랜드가 존재하고 있다 해도 전혀 다른 영역이거나 관련 없는 시장에 속하는 브랜드라면 큰 영향을 끼치지는 않는다. 그보다는 고객이 검색했을 때 브랜드 상품의 검색이 혼란스럽지 않고 찾기 편하게 되어 있는 것이 중요하다.

1차적인 검색으로는 다 파악이 되지 않기 때문에 2차적으로 해당 브랜드가 상표 등록이 되어 있는지를 특허정보검색서비스 사이트(www.kipris.co.kr)에서 확인해보면 좋다. 개인적으로 확인이 어려운 부분이 있다면, 상표 출원을 대신 진행해주는 곳에 의뢰하는 방법도 있다. 아직 시장에 나오진 않았지만 상표 등록을 한 경우도 있기 때문이다. 만약 출원이 완료되었다면 어느 영역, 어떤 상품군까지 등록을 했는지도 확인이 필요하다. 만약 시장에는 나오지 않고 상표만 존재하는 경우거나 상표 출원 후 오랫동안 비즈니스를 하지 않았다는 증거가 있다면 상표 출원 건을 취소시키는 방법도 생각해 볼 수 있다. 이렇듯 상표 등록은 향후 유사한 상표나 도용으로 분쟁이 생겼을 때의 리스크를 미리 방지해줄 수 있기에 필수적으로 해야 하는 일이다.

로고와 디자인에 대한 권리 확보

네이밍이 완료되면 로고 디자인 작업에 들어가게 된다. 로고는 단어 그 자체만으로도 등록이 가능하다. 일반 명사 형태로 등록이 어려울 경우는 아이콘을 활용하여 로고에 특이성을 부여해 디자인 도형으로도 등록할 수 있다. 상표 등록이 글이라면 로고는 이미지라고 생각하면 쉽다. 두 가지를 모두 출원했을 때 네이밍과 로고에 소유권이 생겼다고 보면 된다. 생각보다 많은 부분에서 도용이 비일비재하게 일어나기 때문에 보호 차원에서 진행할 수 있는 장치는 모두 해두는 것이 좋다.

상품의 패키지 디자인을 별도로 제작한다면 혹은 디자인에 대한 권리를 행사하고 이를 보호할 필요가 있다고 생각한다면 패키지 디자인도 등록하는 것이 좋다. 실제로 우리나라는 상대적으로 규제가 강하지 않아 디자인을 보호받기 어려운 형국이다. 고객이 브랜드를 오인하여 매출에 큰 손실이 나고 비즈니스 측면에서 피해가 있다고 판단이 되지 않는 한 보호받기 쉽지 않다. 그러므로 혹시 일어날 수 있는 논쟁을 피하기 위해서라도 상표권과 로고 등에 대한 기록을 남기는 것이 중요하다.

또한 바로 시작하지 않더라도 SNS 채널 계정 아이디까지 확보할 수 있으면 좋다. 비용이 드는 문제는 아니지만, 브랜드 공식몰 사이트와 SNS 채널 등 커뮤니케이션 접점에서 브랜드가 일관된 네이밍을 가져야 브랜드에 대한 인지가 더 효과적으로 일어날 수 있기 때문이다.

브랜드 도메인 확보와 유지하는 팁

상표와 로고 등록만큼 중요하게 생각해야 할 부분은 브랜드명과 연계되는 도메인이 있는지 확인해보는 것이다. 도메인이 브랜드와 연관지어 쉽게 검색이 되도록 해주기 때문이다. 통상적으로 사람들은 브랜드명을 기억하고 거기에 .com 또는 co.kr을 이어 검색해보는 경향이 있다. 만약 도메인 주소가 브랜드명과 전혀 연관이 없다면 이를 별도로 외우는 소비자는 없으니 그만큼 고객의 접근이 어려워지게 된다. 만약 그런 상황이라면, 검색 기능을 조금 더 강화함으로써 부족한 부분을 보완하는 작업이 필요하다. 도메인을 지금 당장 사용하지 않더라도 몇 년 내에 사용할 가능성이 있다면 미리 선점해두는 것이 좋다. 연단위로 임대하는 방식이기 때문에 10년까지도 등록이 가능하다. 영어 네이밍이라면 도메인도 동일하게 표기를 하고 한글 네이밍이라면 사람들이 직관적으로 이해할 수 있는 짧은 영문으로 도메인을 만들면 된다.

상표 등록을 보통은 국내 사용에 대해서만 생각하는데, 만약 준비하는 브랜드가 해외 시장에 대한 진출 가능성도 열어두고 있다면 해당 국가의 상표 등록 현황까지 점검해보는 것이 좋다. 국가 및 상품 유형이 추가됨에 따라 들어가는 비용이 작지 않기 때문에 미리 알아두는 것이 도움이 된다.

미리 대비하는 파트너십 관계

앞서 상품을 준비하는 방법에 대해 이야기하며 OEM과 ODM의 비용 차이와 방식의 차이에 대해 알아보았다. 방식이 다른 만큼 계약 과정에서도 주의가 필요하다. 처음 비즈니스 파트너로 계약을 맺고자 할 때는 서로 뜻이 맞아 좋은 결과만을 염두에 두고 시작하다 보니 '계약서를 군이 써야 하나?' 하는 생각이 들 것이다. 양측 모두 윈윈 관계로 사업이 진행되기만 하면 더할 나위 없이 좋겠지만 간혹 그렇지 못할 때가 있다. 어떤 비즈니스든 좋을 때보다 안 좋을 때를 대비해서 뭐든 명확하게 해두는 것이 리스크를 최소화할 수 있는 방법임을 기억하자.

기성품을 가지고 일부 물량을 보증해주는 경우라면 물량 소진 기간 및 수량에 대한 부분을 서로 협의한 후 계약서를 써야 할 것이다. 만약 개발을 공동으로 진행한다면 기획과 개발에 대한 논의에 앞서 비밀유지 계약서를 작성하는 것이 중요하다. 제조사가 내 브랜드 외에도 여러 브랜드들에서 생산 의뢰를 받을 수 있기 때문이다. 개발 과정 논의 중 최종적으로 계약이 이루어지지 않아 비즈니스 파트너가 되지 못했을 때를 대비할 필요가 있는 것이다. 기획 및 개발을 다 해놓고 결국 단가가 서로 협의되지 않아서 계약이 무산되는 일도 비일비재하게 일어난다. 또는 공동으로 기획하다가 자금 사정으로 제조사가 폐업하는 일도 생기기 때문에 뭐든 비밀유지 계약서는 기본이 되어야 한다. 결국 파트너가 안 될 수 있다는 점을 염두에 둬야 한다는 얘기다. 특히 같은 제조사에 경쟁사 브랜드의 제품을 생산하고 있다면 더더욱 신중을 기해야 할 것이다.

비밀유지 계약서에 많은 내용을 담을 필요는 없다. 브랜드 측이 제조원에 상품 개발을 의뢰하는 과정에서 브랜드가 생각한 방식의 생산이 가능한지, 샘플은 어떠해야 하는지 등 많은 대화들이 오고 가는데, 이런 전반적인 논의 사항들을 담으면 된다. 또한 제품 콘셉트나 아이디어를 넘어 해당 회사의 내부 현황이나 노하우 등의 정보까지 비밀 보장을 받는 것이 중요하다. 통상적으로 계약서가 없어도 브랜드와의 신뢰 관계를 중요하게 생각하는 제조원들도 있지만 간혹 약간의 수치나 스펙을 변형하여 경쟁업체에 추가 OEM을 진행하는 경우도 종종 발생하기 때문에 이를 확실히 해두는 편이 좋다.

상품을
준비하는
과정

이번에는 상품을 준비하는 과정을 보다 구체적으로 살펴보자. 앞서 이야기한 대로 상품을 준비하는 방법은 다양하다. 이미 공장에서 생산된 기성품을 구매하여 거기에 브랜드만 입히는 방식도 있고, 개발 과정부터 제조사와 함께 해당 상품만의 가치를 담아 생산하는 ODM 방식도 있다. 상품을 준비하려면 우선 개발하고자 하는 상품의 생산 가능 여부에 대한 확인이 필요하다. 어떤 상품이든 제조사 설비에 따라 생산 가능 여부가 결정된다. 제조사 선정은 이미 시장에 나온 제품들 중 스펙이나 상품 유형이 유사해서 생산이 가능할 법한 곳들을 리스트업하는 방식으로 시작하면 된다. 좋은 상품을 시장에 내놓으면 브랜드가 주목을 받기도 하지만 이처럼 제조사가 연락을 받는 경우도 많다.

제조사를 선정하면 앞서 브랜드 권리 부분에서 언급했듯이 비밀유지 계약서 또는 납품 계약서를 써야 한다. 제조사의 영업 직원과 소통하거나 생산처에 직접 연락을 취해서 미팅을 해보면 알 수 있다. 영업 담당을 통해 생산 가능 여부 혹은 기성품에 대한 제안을 받으면 이후 영업 담당이 회사 내부의 생산자와 가능 여부를 타진해서 최종 진행 여부가 결정된다. 제조사가 정해지고 나면 미팅 후 실사 진행을 하는 것이 좋다. 브랜드가 판매하려는 상품이 어디에서 어떻게 생산되는지는 알고 시작해야 하기 때문이다. 공장이 생산을 위해 갖춰야 할 기본 요소들을 잘 갖추고 있는지, 식품의 경우라면 HACCP 인증 여부, 품질에 영향을 미치는 요소들에 대한 평가가 진행돼야 한다.

파트너로 적합한지 여부가 판단된 후에는 구체적인 개발 생산 논의에 들어가야 한다. 그래야 생산 과정에서 발생하는 리스크를 최소화할 수 있다. 기획 및 개발을 처음부터 같이 진행할 경우는 납품 물량에 대한 협의도 필요하다. 제조사 입장에서는 어느 정도의 물량을 정기적으로 생산해야 하는지 궁금해한다. 보통 생산 보장guarantee이라는 말을 많이 쓰는데 이와 같은 물량에 대한 약속 요구는 독점권과 연관 있다. 여기서 독점권은 공동 기획 및 개발한 상품에 한해 제조사가 온전히 해당 브랜드한테만 공급하고, 브랜드가 판매에 대한 권한도 갖는 형태를 말한다. 독점권을 협의하게 되면 일반적으로 브랜드는 제조사가 생산하는 제품의 일정량을 구매하 겠다는 '구매 보증'을 하거나 일정량 이상은 판매하도록 하겠다는 약속을 한다.

한꺼번에 만들지 말고 적게 시작하라

제조사 선정과 상품에 대한 협의가 끝났다면 다음은 상품 단가 에 대한 논의를 할 차례다. 단가는 기획 및 개발 단계 중 어느 시점 에 협의하는지에 따라 다르다. 상품 기획 및 개발 전에 가격을 미리 확정하고 가는 경우에는 제조사들도 마진 확보를 먼저 생각하기 때 문에 상품의 품질을 최대한 끌어올리는 데 한계가 있다. 개발이 끝 난 후 품질과 단가의 갭이 크면 다시 협의를 해야 하는 번거로움이 생긴다. 단가는 생산 물량과도 관계도 깊기 때문에 꼭 협의 과정을 거쳐야 한다. 단순한 인쇄물 하나를 외부에 맡길 때도 10장 작업할 때와 1,000장 작업할 때의 단가가 다르다. 한마디로 단가는 생산성 과 직결되는 부분이라고 할 수 있다. 그만큼 단가 협의는 중요하다.

상품의 종류는 처음부터 다양하게 가지고 가는 것이 좋을까, 하 나에 집중하는 게 좋을까? 브랜드 인지도가 높은 플랫폼들이 처음 론칭했을 때를 기억해보자. 아마 모든 고객을 아우르는 방식보다 세분화된 고객층을 겨냥하여 시작했을 것이다. 상품이 많을수록 구매하는 사람도 많을 것이라 생각할 수 있지만 현실은 그렇지 않다. 상품 수가 많다고 브랜드에 대한 인지도가 높아지는 것은 아니다. 오히려 브랜드 또는 상품의 제공 가치가 명확한 소수 상품 단위SKU, Stock Keeping Unit(재고관리의 최소 단위, 이하 SKU)로 시작하여 고객의 수요 또는 니즈에 따라 카테고리 또는 상품을 확대해나가는 방식이 좋다. 대표 상품을 통해 브랜드의 가치를 마케팅하는 것이 브랜드에 대한 인지를 높이고 구매까지 유도할 수 있는 방법이다. 여러 가지 제품을 개발했다고 해서 이를 한꺼번에 모두 출시할 필요는 없다. 그보다는 한두 가지 제품만 먼저 출시한 다음, 고객의 피드백을 반영해 개선 과정을 거치는 것이 리스크를 줄일 수 있는 방법이다. 특히 여러 가지 제품을 출시하게 되면 각각 구매가 분산되기 때문에 상품에 대한 명확한 평가를 내리기에 다소 어려움이 있다. 그보다는 주력 상품 하나에 대한 많은 고객들의 후기를 들여다보는 게 더 효과적이다. 모든 구매자들이 후기를 남기지는 않기에 후기가 쌓이기까지 시간이 필요한 부분도 있기 때문이다.

배송 상황까지 고려해 상품을 검수하라

계획한 대로 상품이 생산되어 나와만 준다면 문제가 없다. 하지만 보통 시제품 및 샘플링 작업 시의 품질과 실제 생산품의 품질이 다른 경우도 종종 생긴다. 실제 제품이 샘플링 작업 때와 동일한 품질로 나올 것이라는 안일한 생각은 절대 금물이다. 하나를 만들 때와 여러 개를 만들 때는 당연히 품질에 차이가 발생하기 마련이다. 심지어 제조사에서 상품을 보는 시각과 생산을 의뢰한 브랜드 측에서 상품을 보는 시각에도 다소 차이가 있다. 브랜드 측에서 문제라고 생각하는 부분을 제조사에 아무리 설명을 해도 공감하지 못하는 부분이 있는 것이다. 그런 이유로 마지막 단계의 검수 과정이 꼭 필요하다. 생산 테스트를 통해 처음에 계획했던 품질 그대로 최종적으로 생산될 수 있도록 해야 한다.

상품 자체에 대한 검수가 끝났다고 다가 아니다. 이렇게 나온 상품이 고객에게 발송되는 과정에서 어떠한 사고가 발생할 수 있는지도 점검해야 한다. 그러므로 직접 배송을 받아 눈으로 확인할 필요가 있다. 테스트로 물건을 받아보면 분명 포장과 물류 과정에서 개선이 필요한 부분들이 발견된다. 예를 들면 냉동식품을 판매하는 브랜드의 경우, 냉매제를 넣었음에도 불구하고 일부 테스트에서 상품이 녹은 상태로 배송되었다면 배송 과정 전반에 대한 점검을 실시해야 한다. 문제가 배송 중 온도 관리가 잘되지 않는다는 것이라면 냉매제를 늘릴 수 있고, 박스 사이즈까지 검토해볼 수 있다. 파손이 쉬운 상품을 취급하는 브랜드도 배송 과정 테스트를 통해 상품이 고객에게 안전하게 배송될 수 있도록 에어캡 교체나 새로운 패키징 등을 고안할 수 있다.

때로는 배송 과정의 개선을 넘어 상품 자체에 대한 개선이 필요한 경우도 생긴다. 이렇게 꼼꼼하게 체크하여 문제 사항들을 해결한 후 고객한테 무사히 잘 배송될 수 있도록 하자.

매력적인
상품 가격
설정하기

브랜드 론칭 후 상품을 출시할 시기가 오면 마지막으로 가격 설정 과정에 신중을 기해야 한다. 내가 책정한 가격이 시장 가격과 맞지 않으면 고객이 유입되지 못한다. 게다가 상품 가격은 한 번 정하면 갑자기 내리거나 올리기가 어렵다. 브랜드의 신뢰도에 큰 타격을 주기 때문이다. 물론 원재료값 또는 고정비 상승과 같이 외부적 환경 변화에 따라 가격 변동은 발생할 수 있는 일이고, 이를 브랜드 공식몰이나 상세페이지에 공지하면 투명하게 운영한다는 느낌을 줄 수도 있지만, 잦은 가격 변동은 고객에게 혼란을 주기 때문에 처음에 여러 사항들을 고려해 신중하게 정해야 한다.

한번 설정하면 변경하기 어렵다

가격을 정하려면 그전에 시장 내 유사한 상품들에 대한 가격 조사가 1차적으로 이루어져야 한다. 이미 존재하는 시장에서 고객들이 구매한 적 있는 상품이라면 해당 상품에 대한 가격대가 어느 정도 형성됐다고 봐야 한다. 당연한 이야기지만 고객은 상품에 합당한 가격을 지불하고자 한다. 구매 목적에 따른 차이도 있겠지만 기본적으로 다양한 상품에 대한 선택권이 있다면 가격은 소비자에게 큰 매력으로 작용한다. 그러므로 상품의 품질에 비해 어느 정도의 가격이 적합한지 고민해봐야 한다.

시장 내 형성된 가격대를 크게 벗어나면 이를 뛰어넘는 다른 차별점을 소비자에게 보여줘야 하는데 이는 결코 쉽지 않은 일이다. 당연한 이야기일 수 있지만 단순히 가격뿐 아니라 중량에 맞는 가격인지, 크기나 재질에 따른 가격인지에 대한 분석도 추가적으로 이루어져야 한다. 가격이 구매에 많은 영향을 끼치지만 고객이 오직 가격만으로 상품 구매를 결정하지는 않기 때문이다.

설정한 가격대가 맞는지에 대한 점검도 필요하다. 어떠한 구성인지, 구성에 추가되는 부자재 등에 따라 가격 설정이 달라지기 때문에 이 부분이 필히 반영되지 않으면 손해를 보기 쉽다. 더불어 경쟁사에 대한 가격 조사도 필요하다. 경쟁사에 브랜드 공식몰이 있다면 그곳에서 또는 각 온라인 플랫폼 채널에서 어떤 가격 전략을 펼치는지 알아두도록 하자. 고객 후기만 봐도 판매가 잘되는지 여부를 판단할 수 있으므로 판매량이 높은 상품 위주로 가격을 살펴보면 좋다. 온라인이 오프라인에 비해 판매가 잘되는지 여부를 가늠하기가 쉽다.

가격 설정에서 고려해야 하는 것들

온라인 환경에서 소비자를 끌어들이기 위해 매력적인 가격 설정이 필수이기는 하지만 그렇다고 무턱대고 가격을 낮출 수는 없는 법이다. 모든 비용을 감안했을 때 브랜드 입장에서 이익을 남길 수 있어야 하기 때문이다. 앞서 언급한 상품의 제조 원가, 그 외 부자재 비용, 패키지 비용, 수수료 및 물류 비용 등을 적용하여 계산을 해야 한다. 참고로 제조 원가는 제조사로부터 공급받는 상품 자체의 단가이고, 제품 원가는 제조 원가에 포장 패키지 비용 또는 물류 비용까지 합친 가격을 말한다. 제품 원가를 따져 가격을 설정할 경우 비용이 어디까지 적용되는 것인지에 따라 꼼꼼하게 챙겨야 한다. 물류 비용은 택배 크기에 따라 달라진다. 만약 단품 구매가 아닌 여러 가지 상품을 묶어서 구매하는 객단가 예측이 바탕이라면 박스당 단가 변동에 따라 전체 수익률이 달라질 수 있다. 또한 깨지기 쉬운 물건에는 안전을 위해 에어캡 등의 부자재가 들어갈 텐데 그것도 물류 비용에 포함시켜야 하는 부분이다. 냉동·냉장 식품의 경우 드라이아이스 또는 아이스팩 등의 부자재가 들어가기도 한다. 이것 모두가 물류에 포함되어야 하는 비용이다. 또한 고객의 택배비 부담 여부도 비용 추가 부분에 계산돼야 한다. 프로모션을 기획할 때도 반대의 로직으로 수익률을 유지시키는 선에서 가격 책정을 하면 된다.

플랫폼에 상품을 입점시켜 판매하는 경우에는 판매 수수료 지불에 대해서도 생각해야 한다. 판매 수수료는 채널에 따라 차이가 나고 상시냐 일회성 행사냐에 따라서도 차이가 발생한다. 브랜드 공식몰에서 판매할 때도 수수료가 들어간다. 바로 카드 수수료다. 이런 세부적인 부분까지 종합적으로 파악해 모든 금액을 합산하고, 여기에 브랜드가 이득을 취하는 마진 부분까지 고려해서 소비자 판매 가격을 책정해야 한다.

단가와 품질의 싸움

앞서 설명한 과정을 정반대로 실행하는 방법도 있다. 역으로 시장에서 먹힐 만한 매력적인 가격을 먼저 설정해놓고 단가를 예측해보는 것이다. '이 정도 단가가 나와야 판매가를 설정할 수 있겠다'라는 숫자가 나오면 생산 과정으로 돌아가서 제품 원가나 부자재, 패키지 비용, 물류 비용 등에 대한 가격을 조정해보는 식이다. 이러한 과정이 번거롭다고 느껴지면, 아예 판매 가격을 정해놓고 그에 맞는 가격 구조상의 단가를 역으로 계산하여 단가에 맞는 제품을 제조사를 통해 제안받는 방법도 있다. 특정 가격으로 팔고자 할 때 얼마 정도의 단가가 나와야 하는지 계산하고, 이후 그 단가 선에서 제품 생산을 제안받는 방법이다.

위의 방식은 장단점이 분명하다. 장점은 복잡한 조율 과정이 최소화되기 때문에 비교적 짧은 시간 내에 상품을 출시할 수 있다는 점이고, 단점은 단가를 낮추다 보니 상대적으로 제품의 질이 떨어질 수 있다는 것이다. 판매 가격을 정하고 이에 맞춰야 하는 생산 단가를 처음부터 책정하고 시작하면 제조 과정에서 좋은 퀄리티를 뽑아내지 못하는 경우도 있다. 제조사 입장에서도 어느 정도 마진을 남겨 상품을 생산해야 하기 때문에 그렇다. 이럴 때는 단가에 어느 정도 '구간'을 정한 후 그 안에서 최대한 내가 원하는 퀄리티에 맞춰서 생산하는 것이 방법이다. 그 후에 추가적인 단가 조정에 들어가면 좋은 상품을 합리적인 가격에 맞출 수 있게 된다.

가격 구조 안에서 조정할 수 있는 부분들은 워낙 다양하기에 현실적으로 부딪히면서 조정해보길 권한다. 설득을 통해 상품 가격을 조정해볼 수도 있고 부자재에서 대체재를 찾거나 포장 방식에서 가격을 낮추는 방법 등 상품 외적인 부분에서 조정 가능한 부분을 모색할 수도 있을 것이다.

최저 가격 마지노선이 있어야 손해보지 않는다

가격을 책정할 때 왜 0과 9를 많이 사용하는지에 관한 여러 가지 연구들이 있다. 온라인 환경에서의 구매는 상품 가격뿐 아니라 배송 비용까지 포함되기 때문에 그 부분까지 감안해서 고객이 지출할 만한 비용인지를 확인하는 것이 좋다. 또한 가격에 따라 마진을 어느 정도 확보할 수 있는지에 대해서도 생각해야 한다. 가격을 어디까지 내려도 되는지 알아야 재고 문제가 생겼거나 유통기한 문제가 발생했을 때 가격 인하로 인한 손해를 감수하지 않고 판매할 수 있기 때문이다. 나중에 원재료 값 상승 등으로 가격 조정이 피치 못하게 이루어질 경우, 계산 공식을 통해 바로 적용할 수 있도록 상품별로 가격이 정리된 파일을 가지고 있으면 좋다. 여기에는 원가, 부자재, 수수료, 물류 비용 등 가격 설정에 적용되어야 하는 모든 부분들이 들어가 있어야 한다.

할인을 적용할 때는 단계별 계획을 세워 접근해야 한다. 수수료를 지불하는 형태의 입점 플랫폼들은 수수료 조건이 다 다르고 그 차이 역시 크기 때문에 동일하게 가격을 책정하는 것이 적절한지, 가격에 차이를 둔다면 얼마나 두어야 하는지에 대한 고민도 필요하다. 거기에 고객들이 해당 플랫폼에서 할인을 적용받는 폭도 각각 다르기 때문에 각 플랫폼별로 최종 가격에 대한 시뮬레이션을 하면서 가격을 고민해야 한다.

지금까지 가격 설정 방법에 대해 간략하게 살펴보았다. 정리하면 가격 설정을 하려면 두 가지 일이 선행되어야 한다. 첫째, 시장에 이미 나온 상품들의 가격을 조사해 고객이 인지하는 기준 가격대를 정하고 둘째, 제품 생산 및 판매와 관련해 어느 정도까지 지출을 할 수 있는지를 정하는 것이다. 이후 판매하는 플랫폼 환경에 따라 마진을 점검하여 가격 운영 정책을 펼치는 것이 중요하다.

비용을
줄일 수 있는
지점을 고민하라

그동안 브랜딩 디자인을 의뢰받아 운영하는 에어전시 또는 에디터 출신들이 브랜드를 만들고자 하는 경우를 많이 봤다. 아무래도 브랜드를 만든 경험이 있기 때문에 자기만의 브랜드를 갖고자 하는 마음이 큰 게 아닌가 싶다. 과거 미팅 차 만나게 된 디자인 외주업체도 내게 어떻게 하면 브랜드를 만들 수 있는지 물어왔는데, 그때 한 가지만 주의하면 될 것 같다고 대답해준 적이 있다. 바로 겉모습에서 힘을 빼야 한다는 점이다.

생각보다 많은 사람들이 브랜드를 만들 때 '겉모습'에 치중하곤 한다. 특히 디자인 같이 감각이 뛰어난 영역에서 일하는 사람들일

수록 패키지를 포함해 시각적으로 소위 '간지'를 낼 수 있는 영역에 많이 집중하곤 한다. 자신이 잘 아는 분야에 욕심을 내는 건 어찌 보면 당연한 일이다. 하지만 그런 겉모습만 따지다 보면 전체적인 가격 구조를 맞추기 쉽지 않다. 그러므로 어느 정도 타협이 필요하다. 일반 소비자들이 인지하는 디자인 센스와 소위 전문가들이 느끼는 센스에는 다소 차이가 있음을 인지하고 브랜드를 운영해야 한다. 본인이 봤을 때는 촌스러워 보여도 대중의 시각은 그렇지 않을 때가 많다. 고객들 입장에서는 크게 구매나 사용에 영향을 받지 않거나 심지어 차이를 거의 못 느끼는 경우도 있다. 본인은 중요하다고 생각하는 부분이 굉장히 사소한 부분일 수도 있다는 점을 염두에 두자. 그래서 가장 기본적인 방법이긴 하지만 타깃 고객군과 매칭되는 지인들이 주변에 있다면 그들의 의견을 물어보는 것도 큰 도움이 된다.

간지를 빼야 보인다

모든 상품에는 브랜드 커뮤니케이션이 발생하는 고객 접점이 존재한다. 그리고 이러한 고객 접점의 요소를 만들어내기 위해서는 당연하게도 비용이 들어간다. 상품을 받아보는 패키지를 예로 들어보자. 패키지 안에도 생산하는 제조사 측에 기성 부자재가 있는지 아니면 부자재마저도 제작해야 하는지에 따라 전체적인 단가가 측정된다. 재질의 퀄리티에 따라서 부자재의 가격도 천차만별이기 때문에 적정선을 찾는 것이 중요하다.

식품 분야에서 한 가지 예를 들어보자. 최근 간편식 시장이 성장하면서 다양한 브랜드에서 간편 도시락을 많이 출시했다. 도시락에 들어가는 음식 가격 외에 비용이 발생하는 부분을 꼽으라면 음식을 담는 트레이와 뚜껑, 그 위를 덮는 비닐과 종이 등일 것이다. 최근 환경문제로 일회용품에 대한 인식이 많이 바뀌어 제공하지 않는 곳도 많지만 도시락에 붙는 일회용 젓가락, 숟가락 비용까지도 생각해야 한다. 이 구성품에 대한 모든 부자재는 다양한 종류만큼이나 그 비용이 천차만별이다. 결국 다 조정이 가능하다는 이야기다.

내용물을 담아내는 트레이의 두께를 일반적으로 't수'라고 표현하는데, t수를 어느 정도로 하느냐에 따라 단가 차이가 발생한다. 그렇다고 단가를 생각해서 두께가 가는 트레이를 쓰는 게 무조건 좋으냐 하면 그것도 아니다. 두께가 너무 가늘면 고객 입장에서 도시락 포장을 벗길 때 불편함을 느낄 수도 있다. 그러므로 여러 종류의 샘플을 받아서 어느 정도 수준에서 타협을 볼 수 있는지 예산과 브랜드의 방향성에 따라 점검하면 좋다. 트레이 외에도 보통 로고 및 제품 정보를 써놓기 위해 종이를 두르는 경우가 많은데 이 종이도 너비에 따라서 단가 차이가 많이 나곤 한다. 여기에 위에만 인쇄가 되는지 옆면까지 인쇄가 되는지에 따라서도 가격이 다르다. 이렇듯 부자재 각각에 대해서 신경 쓸 게 많고 그만큼 가격 조정의 폭도 넓다. 여러 가지 부자재들을 공급받는 업체를 통해서 어떻게 하면 가격 조정이 가능한지를 논의하다 보면 비용을 줄일 수 있는 지점을 찾을 수 있을 것이다. 상품을 판매하는 데 있어 앞서 설명했듯 고객 편의성 측면에서 문제가 되는 요소가 아니라면 최대한 조정해보려는 자세가 필요하다.

또 다른 예로 화장품 구성 세트를 생각해보자. 화장품 원료에 대한 단가는 차치하고 여기서는 화장품을 담는 용기와 용기에 부착되는 인쇄 스티커, 박스 안에 용기를 고정시키는 완충제 등에 대해서만 생각해보자. 내부 용기를 고정시키는 종이는 재질에 따라 가격 차이가 크다. 게다가 박스 제작을 하면 박스의 두께와 컬러, 재질에 따라 또 가격이 천차만별이다. 박스 안에 상품 사용 가이드나 브랜드에 대한 소개 리플릿 같은 것도 고민할 수 있는데, 이 역시 가격이 다양하다. 그래서 디자인적으로는 좀 부족해 보일지 몰라도 단가나 MOQ를 생각하면 이미 기성품화된 부자재를 활용하는 것도 현명한 방법일 수 있다.

운영 관점에서 생각하면 더 줄일 수 있다

중요하게 생각해야 하는 부분은 지금 고집하는 패키징이 단순히 시각적으로 좋아 보이기 위한 것인지, 고객의 편의성과 상품을 보호하기 위한 목적인지를 생각해봐야 한다는 것이다. 만약 시각적인 부분에서 욕심을 부리는 것이라면 과감하게 욕심을 버리기를 권한다. 운영하는 브랜드가 가성비 중심의 방향성을 가지고 있다면 시각적인 부분에 대한 욕심은 더더욱 버려야 한다. 패키지나 상품 배송에 들어가는 모든 요소들을 최소화하며 심플하게 할 필요가 있다. 반면에 고품질과 고급스러움이 브랜드의 방향성이라면 이야기가 달라진다. 가성비보다는 높은 품질에 집중하면서 타깃 소비자에게 맞는 가격 설정을 통해 판매하는 전략으로 가야 할 것이다.

생산 과정에서 스티커 부착이라든지 리플릿 삽입 등을 많이 하는데 이런 경우 보통 그 자체의 인쇄 단가만 생각하기 쉽다. 하지만 스티커를 실제로 부착하는 행위에 대한 인건비도 같이 감안해야만 한다. 결국 스티커 부착도 생산 과정의 일부이기 때문에 전체적인 제품 생산 단가에 녹여질 수밖에 없다. 인건비 부분을 생각지 못하고 있다가 나중에 단가 제안 목록을 받아들고 당황하는 일은 없어야 할 것이다.

한편, 패키지는 시각적인 부분 외에도 상품의 유통 과정을 감안해 결정해야 할 필요도 있다. 내가 전에 진행했던 한 상품은 패키지 시안이 두 가지였는데, 한 개는 유광이고 한 개는 무광이었다. 시각적으로 봤을 때는 무광이 훨씬 고급스럽고 깔끔한 느낌을 준다. 하지만 나는 유광을 선택했다. 왜 그랬을까? 디자인적으로는 무광이 좋을지 몰라도 물류 및 포장 과정에서 무광은 더러워지기 쉽고 유광은 상대적으로 그런 리스크가 좀 덜한 편이기 때문이다. 같은 상품 내에서 색과 향 등으로 종류가 나뉘는 제품이 있을 때도 패키징 디자인에 대해 고민해봐야 한다. 물류 작업에서 이에 대한 구분이 쉽지 않으면 오류가 많이 발생할 수 있기 때문에 그런 부분도 고려해야 한다. 결국 구분은 용이하게 하면서 디자인적으로 차별화시킬 수 있는 방법을 생각해봐야 한다.

내 눈에 좋아 보이는 퀄리티를 모두 구현하고자 욕심을 내게 되면 분명 현실적인 마진은 나오기 힘들다. 상품화 과정에서 가장 중요한 것은 상품의 품질이기 때문에, 그 외 부수적인 요소들은 타협 볼 수 있는 선에서 최대한 타협을 보는 것이 현명하다. 브랜드를 만드는 사람 눈에 걸리는 사소한 것들이 고객의 편의성에는 생각보다 별 영향을 미치지 않을 수도 있음을 기억하자.

제품을
돋보이게 하는
스타일링 방법

가격까지 결정했다면 이제 본격적으로 판매를 준비할 차례다. 앞서 이야기한 것처럼 각 채널별 특성을 고려해 판매 채널을 온라인 커머스 플랫폼으로 할지, 브랜드 공식몰로 할지 등을 결정하라. 이번 장에서는 온라인 커머스 플랫폼이든 브랜드 공식몰이든 온라인 환경에서 브랜드를 운영할 때 매우 중요하게 진행해야 하는 제품 스타일링과 이미지 촬영에 대해 이야기해보겠다.

오프라인 매장에서는 매장 그 자체와 매장 내 시각적으로 보이는 모든 전반적인 것들을 비주얼 머천다이징VMD, Visual Merchandising이라고 부른다. 온라인 환경에서는 이를 웹사이트 메인페이지에 배치된 각종 배너로 대입해볼 수 있다. 온라인 환경에서 소비자는 메인페이지와 각종 배너의 이미지를 통해 브랜드에 대한 첫인상을 갖게 된다. 그런 맥락에서 썸네일과 상세페이지도 중요하다. 여기서 보여지는 상품 이미지로 소비자의 관심을 증대시킬 수 있기 때문이다. 같은 상품이라도 이미지를 어떻게 보이게 하느냐에 따라 소비자 구매가 달라진다.

이번 장에서는 오프라인 매장의 비주얼 머천다이징처럼 온라인에서 제품을 돋보이게 만들고 소비자를 끌어들일 수 있는 각종 스타일링 방법론에 대해 살펴보도록 하겠다.

같은 상품이라도 이미지에 따라 매출이 달라진다

온라인 플랫폼에 따라 요구하는 사진의 종류 및 사이즈는 각기 다르다. 일반적으로 이를 정리한 매뉴얼들을 자체적으로 가지고 있다. 어떤 플랫폼들은 자체 브랜드 콘셉트가 확고하게 정해져 있어서 입점된 브랜드들의 상품 이미지를 직접 촬영하기도 한다. 사이트의 일관된 톤앤매너를 유지하기 위해 직접 상품을 사입 후 촬영해서 노출을 하는 것이다.

제품 사진은 배경 없이 상품을 중심에 두고 찍어 올리는 방식(보통 누끼컷이라고 한다)과 상품 자체를 돋보이게 하기 위해 주변 스타일링을 하고 찍는 방식 두 가지로 나뉜다. 이때 매력적인 사진을 찍으려면 기본적으로 좋은 제품과 콘텐츠가 전제되어야 한다. 브랜드에 따라 그리고 제품에 따라 스타일이 달라지지만 사진을 찍는 궁극적인 목표는 소비자로 하여금 '사고 싶은 마음'이 들게 하는 것이라 할 수 있다. 그렇다면 어떻게 사진을 찍어야 사람들을 끌어들이고 나아가 구매까지 유도할 수 있을까?

먼저 흔히 볼 수 있는 패션 의류 사진을 생각해보자. 남녀 공용 의류라고 가정하면 남자만 있는 사진과 여자만 있는 사진, 남자와 여자가 함께 있는 사진 중 어떤 이미지가 클릭률 및 구매 전환율이 좋을까? 같은 상품을 노출하는 것이라도 이미지에 따라 매출 차이가 많게는 30퍼센트까지도 발생한다. 실로 놀라운 현상이 아닐 수 없다. 제품 사진 즉, 옷만 달랑 찍은 사진보다는 실제 옷을 입은 모델을 보여주는 것이 주목도 면에서 훨씬 성과가 좋다는 점은 쉽게 이해된다. 그런데 모델 중에서도 어떤 모델이냐에 따라 매출에 차이가 난다는 점을 주목해야 한다. 남녀가 공용으로 입을 수 있는 옷인데 썸네일에 여자 모델만 등장했을 경우 남성 소비자들은 본인의 옷이 아니라고 인지한다고 한다. 하지만 반대로 여성 소비자들은 남성 모델이 착용하고 있는 컷을 봐도 클릭한다고 한다. 썸네일 이미지 하나가 바뀜으로 인해 매출이 몇십 퍼센트씩 달라진다는 점을 생각해보면 썸네일 이미지가 얼마나 중요한지 알 수 있다.

식품의 경우도 마찬가지다. 브랜드의 톤앤매너에 맞게 촬영을 하는 것도 중요하지만, 식품은 얼마나 맛있어 보이느냐가 사실상 가장 중요한 요소다. 음식은 무조건 맛있어 보여야 클릭을 유도하고 구매까지 가도록 만들 수 있다. 그러다 보니 이미지를 준비하는 브랜드 입장에서는 비용 차이가 발생하기 때문에 딜레마에 빠지기도 한다. 간단한 누끼컷만으로 썸네일과 상세페이지를 꾸밀 것인지, 모델과 장소, 스타일리스트 등을 섭외해서 촬영을 할 것인지를 고민해야 하는 것이다. 여기에 정답은 없다. 정해진 예산에 따라 합리적인 결정이 필요할 뿐이다.

콘셉트는 명확하게

만약 스타일링 촬영을 하기로 결정했다면 가장 중점적으로 생각해야 할 부분이 있다. 바로 사진의 콘셉트다. 단순히 '예쁘게 찍어주세요', '잘 세팅해주세요'라고 말하는 것은 아무 소용이 없다. 그런 애매모호한 말이 아닌 명확한 촬영 기획안을 작성해야 한다.

촬영에 들어가기 앞서 촬영 기획안 또는 구성안을 가지고 스타일리스트 및 포토그래퍼와 사전 미팅이 필요한 이유는 서로가 생각하는 촬영 이미지가 전혀 다를 수 있기 때문이다. 이러한 부분들을 하나의 방향성으로 정리해서 협의하고 촬영에 들어가야 한다. 커뮤니케이션이 잘 될수록 만족할 만한 이미지를 얻을 수 있음은 물론 비용도 효율적으로 활용할 수 있다. 가끔은 기획 단계에서 커뮤니케이션이 부족해 이미지를 촬영하고도 사용 과정에서 불편을 겪거나 최악의 경우 사용 자체를 못 하는 경우도 발생한다.

촬영 기획안에는 이미지에 들어가는 상품에 대한 논의가 우선적으로 이루어져야 한다. 상품의 어떤 부분이 강조되면 좋을지, 상품의 특징은 무엇인지 잘 전달해야 한다. 그래야 상품의 차별적인 부분을 부각해 촬영할 수 있기 때문이다. 상품 특징에 대한 논의가 끝났다면 전체적인 분위기 즉, 톤앤매너는 어떤 방향으로 설정할지에 대한 논의가 필요하다. 유사한 예시를 찾아서 참고 자료로 시안에 포함시키는 경우가 일반적이다. 완전히 같은 느낌일 수는 없겠지만 참고 이미지가 있다면 방향성을 잡기 쉽다.

추가적으로 협의가 필요한 부분은 전체적인 구성이다. 공간에 대한 부분과 부수적으로 같이 세팅되어야 하는 요소들에 대한 논의가 필요하다. 소품을 직접 세팅할 때도 있고 외주업체에서 준비할 때도 있는데, 직접 해야 하는 경우라면 시안에서 대략적으로 구도를 잡아보고 촬영에 들어간다면 완벽할 것이다.

배너와 상세페이지 사이즈를 고려해 촬영하라

업로드하는 사진의 사이즈도 촬영 시 염두에 두어야 한다. 사이즈를 이해하고 촬영을 하는 것과 그렇지 않은 것에는 분명 차이가 난다. 우선 썸네일과 배너는 각각 정해진 사이즈가 존재한다. PC에서 보이는 배너와 모바일에서 보이는 배너의 크기가 다르기 때문에 만약 이미지에 배경을 올리고자 한다면 이 역시 사이즈를 감안해서 촬영해야 한다. 디자이너가 시안 레이아웃을 미리 잡아서 이미지를 얹어본 후 촬영하면 더 정확해진다.

상세페이지는 기획 단계가 조금 더 탄탄하게 진행될 필요가 있다. 전체적인 레이아웃을 기획하고 그 안에 들어가야 할 이미지의 개수와 이미지 유형을 정리해야 한다. 상세페이지에 필요한 이미지 유형으로는 기본적으로 상품에 대한 인트로 이미지, 상품 자체 누끼컷, 상품이 여러 개일 경우 같이 모여 있는 이미지, 상단에 들어가는 증정 또는 적립금 증정과 관련된 이벤트 배너 등이 있다. 썸네일 이미지는 보통 누끼컷을 활용하거나 상세페이지 내에 들어가는 이미지를 중복으로 활용하곤 한다.

시간을 절약할 수 있는 팁

온라인 비즈니스에 익숙하지 않은 브랜드들은 촬영 기획안에 대한 중요도를 잘 인지하지 못하는 경우가 많다. 심지어는 왜 필요한지조차 모를 때도 있다. 하지만 실무를 진행하다 보면 알겠지만 상품 준비에 있어서 모든 프로세스를 다 정석대로 진행하면 시간이 꽤 많이 걸린다. 이때 촬영 기획안이 있으면 실무적으로 시간을 단축하는 데 많은 도움이 된다.

통상적으로 패키지 디자인이 마무리되고 제조사 측과 브랜드의 검수 과정을 거쳐 인쇄소에서 인쇄 후 말리는 기간까지는 대략 2주가 걸린다. 물론 금형 제작을 할 경우에는 이보다 훨씬 더 오래 걸리기도 한다. 상품 촬영 컷에 패키지가 굳이 필요 없다고 한다면 미리 스타일링에 대한 기획과 촬영을 하고 오픈 준비를 생산 전에 해놓는 편이 좋다. 촬영을 해놨다고 해서 끝난 것이 아니고 디자인 작업 시간도 필요하기 때문에 시간을 더 절약하는 셈이다. 그리고 상세페이지에 들어가게 될 누끼컷은 제품 생산이 완료됐을 때 부가적인 세팅 없이 간단하게 찍어서 추가만 하면 된다. 시간을 절약할 수 있는 또 다른 팁은 촬영 후 이미지 보정에 드는 시간 동안 저해상 이미지를 받아서 먼저 레이아웃을 잡아놓는 것이다. 고해상 이미지가 나오면 그때 사진만 교체해서 마무리하면 시간이 많이 단축된다. 이처럼 스타일링에 대한 기획안이 명확하고 참고 자료가 갖춰져 있다면 빠른 시간 내에 원하는 결과를 얻을 수 있을 것이다.

온라인 환경에서
고객 확보를 위해
신경 써야 하는 것

고객이 상품을 받았는데 구매 당시 봤던 내용과 실제가 다르다면 어떤 느낌을 받게 될까? 오프라인에서는 직접 물건을 만지고 확인한 후 구매하지만, 온라인 쇼핑은 이런 부분에서 큰 차이가 있다. 그러므로 브랜드가 고객의 기대에 부응하도록 더더욱 신경 써서 상품을 검수하여 배송해줘야 한다. 특히 온라인 환경에서 상품의 진실성에 신경을 써야 하는 부분은 이미지와 콘텐츠 그 자체다.

온라인 고객은 이미지로 상품의 진실성을 판단한다

고객이 브랜드를 인지하고 구매하기까지의 과정을 브랜딩 영역에서는 고객 여정Customer Journey이라고 한다. 이 여정에서 고객과 만나는 수많은 접점이 존재한다. 고객이 광고를 통해 브랜드를 알게 되거나 지인을 통해 소개받을 때 등 브랜드를 인지하게 되는 순간이나 브랜드에 호기심이 생겨 브랜드 공식몰에 접속해 상품 정보를 찾아보는 순간 등이 모두 그 접점에 해당된다. 이 수많은 접점에서 고객의 기대와 만족도를 충족시켜야 구매까지 연결하고 충성 고객을 확보할 수 있다.

특히 온라인이라는 특성상 고객은 상품을 실제로 볼 수 없기에 썸네일 및 상품 소개글, 상세페이지를 살펴보며 구매 여부를 결정하게 된다. 이때 온라인을 통해 기대했던 것과 실제 제품이 차이가 많이 나면 실망할 수밖에 없다. 구매한 상품에 대해 만족하거나 반대로 불만족하면 고객은 후기를 남기게 되는데 재질, 핏, 컬러가 화면에서 봤던 것과 같다, 다르다면 얼마나 다르다 식으로 소감을 밝히곤 한다. 이러한 고객 후기는 다른 고객을 유입시키거나 차단시킬 수 있는 요소이기 때문에 매우 중요하게 관리해야 하는 부분이다.

고객의 기대 심리와 실제 상품의 차이가 지나치게 클 경우, 장기적으로 봤을 때 브랜드에 역효과를 불러일으키게 된다. 온라인에서 상품의 차별성 강조는 너무도 당연한 얘기다. 하지만 그렇다

온라인 고객 여정 예시

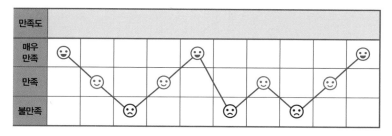

여정단계	동기부여	상품 조사 및 탐색과정				상품 평가과정		결제 과정		수령 과정
활동										
만족도	구매 결심	키워드 또는 상품 검색	배너 및 검색광고 클릭	가격 비교	할인가 발견 후 채널 이동	상품 상세확인	추가 검색	결제 진행	온라인 결제	상품 배송

만족도										
매우 만족	☺				☺					☺
만족		☺		☺			☺		☺	
불만족			☹			☹		☹		

고 없는 사실을 과장해서 표현해서는 안 된다. 예를 들어 실제로는 전혀 부드러운 퍼가 아닌데 상품 소개에 '보들보들 부드러운 퍼'라는 표현을 썼다고 해보자. 상품을 받은 고객은 기대했던 것과 격차가 너무 커 환불을 하고 브랜드에 대한 신뢰를 잃어 이후 재구매를 하지 않을 가능성이 크다. 그러므로 상세페이지에 상품에 대한 내용을 작성하는 에디터나 마케터는 상품에 대한 과장, 오인과 혼동을 일으킬 수 있는 내용은 최대한 자제하는 편이 좋다. 괜히 기대심리를 자극했다가 실제와 격차가 크면 더 큰 실망만 안겨줄 수 있

기 때문이다. 후킹 즉, 소비자를 끌어들이는 일에만 치우치다 보면 첫 구매만 이루어지고 재구매가 이루어지지 않는 현상을 마주하게 된다.

이런 일을 막기 위해 약간의 팁을 주자면 썸네일 이미지는 어느 정도 실제 상품을 그대로 보여주는 것을 추천한다. 썸네일은 소비자가 상품을 '인지'하도록 만드는 것이 최우선 목표이기 때문에 명확한 정보가 담긴 이미지로 올리는 것이 좋다. 이후 상품을 더욱 돋보이게 하고 싶다면 상세페이지 앞부분 정도에 상품의 차별성을 부각시켜주는 스타일링된 이미지를 삽입해도 사실상 리스크는 크지 않다. 대부분 하단에 누끼컷을 추가하여 실제 상품 이미지를 보여주기 때문에 이렇게 하면 리스크를 더 줄일 수도 있다. 누끼컷 이미지를 촬영할 때는 스타일링 없이 무조건 있는 그대로의 상품 이미지만 촬영할 것을 추천한다. 스타일링 이미지를 촬영할 때도 전혀 다른 상품처럼 보이지 않도록 균형을 잘 잡아야 한다. 브랜드에 대한 고객들의 기대 심리와 상품 수준에 격차가 많이 나면 즉, 브랜드는 프리미엄을 지향하는데 정작 상품의 질이 프리미엄이 아니라면 기대에 못 미친다는 고객 후기가 나올 수밖에 없다. 그럴 바에는 처음부터 브랜드 지향점을 가성비로 정해 커뮤니케이션하는 게 낫다.

사실과 과장 사이, 균형감 있는 콘텐츠가 필요하다

앞에서 든 이유들 때문에 브랜드 운영에 있어서 QC Quality Control (품질관리) 또는 RM Risk Management(위험관리) 기능은 필수적이다. 고객이 오인 및 혼동할 수 있는 부분을 사전에 점검하는 것이다. 패키지가 내용물에 비해 과하게 포장됐을 때도 QC 과정에서 점검돼야 한다. 과자를 살 때 내용물에 비해서 포장이 너무 과하다고 생각되는 것들이 얼마나 많은가. 패션의 경우는 원단을 기재하긴 하지만 같은 원단이라도 재질에 차이가 발생하기 때문에 받아보니까 재질이 기대 이하라는 후기가 올라오곤 한다. 화장품도 브랜드가 홍보하는 효과와 고객이 느끼는 효과에 차이가 크다면 수위 조절이 필요하다. 한번은 디자인까지 다 완료된 상세페이지를 검토하는데 내용에서 과장된 표현이 많아 여러 차례 수정을 거듭한 적이 있다. 고객의 오해를 막고 고객이 브랜드에 대해 처음 기대한 만큼의 만족감을 선사하기 위해서는 전달하는 모든 단어 및 내용에 대해 이러한 검수 과정을 거치는 것이 안전하다.

내용을 넘어 이미지에 대한 부분도 수위를 지킬 필요가 있다. 가끔 식품의 경우 썸네일이나 상세페이지에 지나치게 양이 많거나 실제와 다르게 고명이 엄청 많이 올라간 음식 이미지가 쓰인 것을 볼 수 있다. 흔히 '조리 예'라고 명기되어 있는 사진들이 그렇다. 이렇게 써두어야 고객의 클레임을 피해갈 수 있기 때문이다. 이렇게 실제 제품이 사진과 차이가 많이 날 경우는 고객의 클레임을 받을 만한 이유가 충분하다.

스타일링으로 인한 차이 외에도 시제품 즉, 샘플을 가지고 촬영을 진행할 경우도 이러한 격차가 발생하곤 한다. 특히 식품 분야에서 이런 일이 자주 발생한다. 식품의 스타일링이 다른 산업에 비해 까다롭고 어려운 이유는 같은 카레라고 다 같은 색상이 아니고 들어가는 원재료에 따라 음식의 색상이나 점도가 달라 보일 수 있기 때문이다. 실제 고객한테 나가는 제품이 아니고 샘플 제품으로 촬영을 진행한 경우에도 격차가 발생할 수 있다. 이렇게 되면 나중에 재촬영을 하거나 부가적인 비용이 더 들기 마련이다. 앞서 굳이 패키지 컷을 함께 촬영하지 않아도 되는 상품일 때 촬영 시간을 줄일 수 있는 요령을 이야기한 바 있다. 하지만 카레의 사례처럼 상품화는 완벽하게 끝난 상태여야 재촬영이 발생하지 않음을 명심하길 바란다. 식품뿐만 아니라 생산 과정을 거쳐 상품화하는 것들은 시생산 때와 본생산 때 색상의 차이가 존재하기 때문에 처음부터 실제 상품을 꼼꼼하게 잘 체크하고 촬영에 들어가야 시행착오가 일어나지 않는다.

결국 이미지 촬영에서 중요한 점은 균형이다. 너무 사실적으로 찍어서는 매력이 없고, 또 너무 과장해서 찍으면 고객의 오해를 불러일으킨다. 상품의 특성을 잘 드러내되 고객에게 매력적으로 보여서 구매를 자극할 수 있도록 양쪽의 밸런스를 잘 조절해서 이미지를 촬영하고 글을 작성해야 할 것이다. 사진 촬영이나 상세페이지 에디팅에 대한 수위 조절만으로도 지속적인 고객 관리가 가능하다 는 점을 잊지 말자.

PART 3

브랜드
360도
운영
노하우

타사
커머스 플랫폼을 통한
판매

상품 준비가 완료됐다면 이번 파트에서는 앞서 간단히 언급했던 판매 채널에 대해 조금 더 상세하게 이야기하고자 한다. 온라인 환경에서 브랜드를 지속 가능하게 운영하기 위해서는 초기에 어떤 판매 채널을 선택할 것인가가 매우 중요하다. 이 단계에서 적절한 선택이 이루어지지 못하면 브랜드 이미지, 가격 전략 등에 좋지 않은 영향을 끼치고 결국 브랜드 수명이 짧아지는 결과를 초래하기도 한다. 판매 채널은 브랜드에 맞는, 브랜드를 운영하는 전 과정을 고려하여, 타깃에 대한 명확한 이해를 바탕으로 결정되어야 한다.

브랜드 론칭을 준비하거나 론칭 직후 브랜드 운영을 맡은 담당자들이 내게 찾아와 가장 많이 물어보는 것이 이 판매 채널에 관한 부분이다. 타사의 커머스 플랫폼에 진입하는 것이 맞는지, 어디까지 확장해서 판매해야 하는지, 브랜드 공식몰은 왜 필요한지 등. 그래서 이번 파트 앞부분에서는 타사에서 운영하는 온라인 커머스 플랫폼들에 대해 설명하고, 뒷부분에서는 최근 강조되고 있는 자사의 브랜드 공식몰에 대해 다뤄보도록 하겠다.

온라인 시장에서 상품을 판다고 할 때 많은 브랜드 담당자는 타사의 커머스 플랫폼을 통해 진입하는 것을 먼저 생각하곤 한다. 자체 공식몰을 가진 브랜드 역시도 타사 플랫폼을 통한 판매를 많이 고려한다. 그 이유는 다음 두 가지 때문이다. 첫째, 타사 플랫폼은 이미 고객 접점을 가지고 있어 바로 매출을 확보하기가 용이하다. 브랜드 공식몰이 있다고 해도 상품 등록만으로 바로 판매가 이뤄지지는 않는다. 하지만 이미 접점을 가진 플랫폼이라면 즉각적인 매출을 얻는 데 유리하다. 둘째, 상품을 테스트할 수 있다. 시장에서 상품에 대한 반응은 어떤지, 고객이 상품에 대해 어떻게 생각하는지 피드백을 받을 수 있다. 상품의 성공 여부를 미리 알아본다는 의미로 테스트 베드test bed라는 용어를 사용하기도 한다. 이 과정에서 브랜드를 알릴 수도 있다.

향후 여러 플랫폼에서 판매를 하게 될 수도 있지만, 초기에는 이 선택에 대해 조심스럽게 접근해야 한다. 선택한 플랫폼에 따라 브랜드가 고객에게 어떻게 포지셔닝될지, 다시 말해 고객이 브랜드를 어떻게 이해하고 인식하는지가 결정되기 때문이다. 그리고 브랜드가 추구하는 방향과 어느 정도 유사한 플랫폼을 선택해야 브랜드 이미지가 실추되거나 브랜드 이미지에 대한 차이로 인해 고객 니즈를 충족하지 못하는 상황을 막을 수 있다. 전략적으로 선택·진입해야 하고, 진입 과정에서 플랫폼과의 협의 역시 잘 이루어져야 한다.

그렇다면 우리 브랜드와 어느 플랫폼이 잘 맞는지 알아보기 전에 어떤 온라인 플랫폼들이 있는지부터 살펴보자.

유형별 온라인 플랫폼 살펴보기

온라인 플랫폼도 판매 유형에 따라 종류가 나뉜다. 크게 검색엔진 쇼핑 검색, SNS 채널, 공동구매, 소셜 커머스, 오픈마켓, 종합몰 및 폐쇄몰 등이 있다. 검색엔진 쇼핑 검색의 대표격인 네이버는 사람들의 검색 트래픽을 이용해 가격 비교 서비스를 제공하면서 스마트 스토어로 인지도를 높이고 시장 내 자리를 잡았다. 수수료도 낮아서 브랜드 입장에서 접근이 쉬우며 독립적인 쇼핑몰 운영이 가능하기 때문에 브랜드가 상품 노출에만 신경 쓰면 어느 정도 운영을 할 수 있다는 장점이 있다.

더불어 쇼핑 태그 및 쇼핑 기능의 추가로 인스타그램과 같은 SNS 채널에서도 쇼핑이 가능해졌다. 간편하고 고객들이 접근하기 쉬운 채널이라 최근 많은 브랜드들이 SNS 채널상의 판매에 적극적으로 나서고 있다. 분야에 따른 차이는 존재하겠지만 패션이나 뷰티 브랜드의 경우 SNS 진입이 활발해지고 있는 상황이다.

소셜 커머스는 딜deal 형식의 행사 판매 방식을 취하는 곳이다. 티몬, 위메프가 대표적인 소셜 커머스에 해당한다(쿠팡은 몇 년 전에 업종 변경을 하여 오픈마켓 형태로 운영되고 있다). 상시 상품 판매에 집중하기보다는 행사 및 프로모션 형식의 딜 방식이기 때문에 상품 경쟁력과 특징이 확실하면 매출량을 높이기 가장 좋은 채널이다. 하지만 브랜드 인지도 측면에서 노출 대비 효과가 있는지는 고민해봐야 한다.

소셜 외 오픈마켓이라고 불리는 채널들은 우리가 잘 아는 G마켓, 11번가, 옥션 같은 곳들을 말한다. 개인이나 업체들이 자유롭게 상품을 등록하고 판매할 수 있는 이른바 중개형 플랫폼이다. 중개자의 역할을 하기 때문에 당연히 상품에 대한 배송은 판매자 개인이나 업체의 몫이며 판매자는 플랫폼에 일정 부분의 수수료를 지불하는 구조다. 오픈마켓도 자체적으로 마케팅 및 브랜딩에 투자를 하기 때문에 특정 오픈마켓만의 충성 고객도 존재한다. 오픈마켓은 입점을 위한 진입 장벽이 높지는 않아 상품 경쟁력만 있다면 입점하는 데 큰 어려움은 없다. 물론 오픈마켓 중에서도 프리미엄을 지향하는 플랫폼들이 있기는 하다. 장기적으로 확대하고자 하는 타깃이 이 플랫폼의 주요 구매 고객이라면 당장의 매출을 떠나 입점 시도를 해보는 것도 추천한다.

종합몰이라고 불리는 채널은 CJ몰, GS몰, 롯데ON과 같은 대기업의 온라인 쇼핑몰 채널로 오프라인과 온라인 비즈니스를 동시에 운영하는 형태가 주를 이룬다. 대부분 수수료가 오픈마켓에 비해 비싸고 가격 전략에도 제약이 많아 판매자 입장에서는 종종 운영에 어려움이 따른다. 하지만 홍보 관점에서 생각한다면 대기업의 인지도에 따라 유입되는 고객이 많기 때문에 브랜드를 알리는 데 효과가 크고 매출 외 다른 효과를 볼 수도 있다.

이외에도 앞서 잠깐 언급되었던 것처럼 카테고리 킬러 형태의 카테고리 전문몰들이 있다. 고객의 목적성이 높은 채널로, 타깃으로 삼은 고객층이 일치하고 제공하고자 하는 가치 방향이 유사하다면 브랜드 인지도를 높이는 데 도움이 많이 되는 채널이다. 더불어 일반 소비자에게는 공개되지 않는 기업의 복리 후생을 위한 임직원 또는 특정 그룹에게만 공개되는 플랫폼도 존재한다.

타사 플랫폼 진입 시 초기 전략

타사 플랫폼의 진입 전략은 주요 타깃을 중심으로 시작해서 점진적으로 확대해가는 것이 좋다. 무조건 받아주는 채널에 모두 입점하게 되면 단기적으로는 매출이라는 결과를 얻을 수 있을지 몰라도 장기적으로는 여러 가지 고민에 부딪히게 된다. 어떤 채널은 타깃에 맞지 않아 운영비는 운영비대로 들어가고 결과적으로는 이익을 많이 못 챙기게 될 수도 있고, 브랜드 방향과 채널이 일치하지 않아 브랜드가 애초에 설정했던 것과는 다르게 포지셔닝되어 브랜드 이미지에 좋지 않은 영향을 끼칠 수도 있다. 또 타사 플랫폼은 가격 관리에 한계가 있는 구조이기 때문에 시장 내 가격 전략을 뜻대로 구사하기 어려울 수 있다.

타깃에 잘 맞는 플랫폼으로의 진입을 타진하고 있는 경우 혹은 브랜드의 상품 경쟁력이 뛰어날 경우에는 플랫폼 측에서 다른 커머스 플랫폼과의 차별화를 위해 브랜드에게 역제안을 하기도 한다. 즉, 본인들의 채널에만 독점적으로 상품을 공급해달라고 하거나 해당 플랫폼만을 위한 상품 기획을 제안하는 것이다. 플랫폼 입장에서 해당 상품과 브랜드가 매우 경쟁이 있다고 판단할 때 그런 제안을 하는 것이므로 브랜드로서는 이를 거부할 이유가 없다. 또한 해당 플랫폼이 확보한 기존 타깃 고객들에게도 노출되는 부분이므로 잠재 고객에게 상품과 브랜드를 홍보하는 효과도 얻을 수 있다. 물론 여기서도 많은 계산과 점검은 필요하다. 여러 커머스 플랫폼에서 판매·운영을 할 때 공수 대비 어느 정도 매출과 이익을 남길 수 있는지, 요청받은 플랫폼에서 상품 판매를 적극적으로 해줬을 때 브랜드는 이미지를 어떻게 구축할 것인지 등을 상세하게 검토해야 한다.

앞에서 벌고 뒤에서 밑지는 일이 생기는 이유

입점하거나 상품을 공급하는 구체적인 협의 조건은 각 커머스 플랫폼마다 다르다. 보통 해당 플랫폼에서 진행하는 행사 참여를 협의 조건 중 하나로 제안받게 되는데, 그 행사는 플랫폼의 특성에 따라 모두 다르기 때문이다. 플랫폼 측에서 가장 일반적으로 진행하는 고객 혜택이 바로 '무료배송'이다. 심지어 특정 채널 몇 군데는 행사 시 무료배송 조건을 필수적으로 진행하기를 요구하기도 한다. 최근 대부분의 커머스 플랫폼에서 고객 구매를 유도하기 위해 얼마 이상 구매하면, 또는 한 가지 상품만 구매해도 무료로 상품을 배송한다는 혜택을 제공한다. 브랜드는 이런 행사에 응할 것을 조건으로 입점 또는 상품 공급을 협의하게 되는데, 이때 우리는 플랫폼 측에서 제안한 이러한 조건들을 어디까지 수용 가능한지 타진해봐야 한다. 이렇게 판매해도 손해가 나지 않는지 점검이 필요하다는 얘기다. 발생되는 배송비가 타사 플랫폼의 부담인지 아닌지를 따져봐야 한다. 오픈마켓이나 SNS 채널에서는 브랜드가 직접 고객에게 상품을 배송하기 때문에, 이런 곳에서 무료배송을 진행하고 있다면, 입점 협의 시 브랜드가 부담해야 하는 배송비를 포함해서 수익률을 점검해야 한다.

아주 대략적으로 설명하면 136쪽과 같은 식으로 계산할 수 있는데, 결국 배송비, 수수료 등을 감안한 전체 비용보다 판매 가격이 높아야 한다는 뜻이다.

상품 원가 + 행사 수수료 + 배송비 + 물류비 + 그 외 판관비
< 소비자 판매가

결국 브랜드 측에서 행사 때 무료배송에 대한 조건을 부담하게 되다면, 그만큼을 커버할 수 있는 수수료 조정이 있어야 한다. 행사 수수료는 배송비가 감안된 수익률을 점검한 후 협의를 하는 것이 좋다. 그리고 대부분 상시 수수료와 행사 수수료는 플랫폼 MD와 브랜드 간 논의 후 구체적인 협의를 거치게 되는데, 심지어 상시 및 행사 수수료가 다르게 운영되는 경우가 많기 때문에 상품 출고 시 점을 구분할 수 있다면 수익률에 나눠서 반영시켜야 한다(물론 상품을 사입해 간 후 플랫폼에서 판매하는 곳들은 이러한 케이스에 해당 사항이 없다). 또 쿠 폰 지급, 카드 할인 또는 광고비 등의 프로모션 비용을 부담하게 될 경우도 그에 맞춰 수익률을 점검해야 한다.

여기서 행사 진행 시 수익률을 높이는, 즉 매출을 올리기 위한 중 요한 관점 하나를 이야기하겠다. 바로 객단가다. 커머스 플랫폼에 서 여러 행사를 진행하다 보면 행사마다 어떤 객단가의 흐름이 있 다는 것을 알게 된다. 객단가는 채널 유형에 따라 큰 차이를 보인다. 채널 유형이 비슷하다면 유사한 범위 안에서 객단가가 움직인다. 그리고 하나의 플랫폼에서 같은 주제나 같은 시기에 진행한 기획전

일 경우도 굉장히 유사한 객단가 결과를 보인다. 11번가의 '11절 행사'나 티몬의 '1212타임'과 같은 기획전을 떠올리면 좋다. 이런 기획전은 정기적으로 진행되기 때문에 관련 데이터를 계속해서 축적해두면 도움이 된다. 올해 행사 결과를 예측하기 위해서 전년도나 전월의 행사 결과를 참고하는 것이다.

행사를 많이 진행하는 것도 매출을 올릴 수 있는 방법이지만, 고객들의 구매가격, 즉 객단가를 높일 수만 있다면 행사 매출을 높일 수 있을 것이다. 여기서 행사의 객단가를 높일 수 있는 요령 하나를 이야기하겠다. 얼마 이상 구입했을 때 혜택을 주는 행사를 활용하는 것이다. 예를 들면, 행사 진행을 할 때 평균 객단가가 4만 5,000원이었다고 하자. 다음 행사에 고객의 객단가를 5만 원 이상으로 나오게 하고 싶다면 5만 원 이상일 때 증정 상품을 주도록 설정을 변경할 수 있다. 물론 5만 원 이상 구입 시 증정 상품을 제공했을 때의 수익률 검토는 필수다.

입점하는 과정에서 주의할 점

타사의 커머스 플랫폼을 통해 진입할 때 맞닥뜨릴 수 있는 몇 가지 상황에 대해 추가로 언급하겠다. 브랜드가 자체적으로 전략을 갖는다 하더라도 어떤 온라인 플랫폼에서는 입점이 반려되는 경우도 빈번하게 발생하니 꼭 기억해두자. 상품의 스펙이 맞지 않거나 가격 부분에서 수수료 조율이나 공급가 협의가 이루어지지 않아서 등 이유는 다양하다. 때로는 PB, 즉 플랫폼의 자체 브랜드와 유사한 스펙일 경우 입점이 반려되기도 한다.

입점 여부는 MD와의 커뮤니케이션 및 MD의 적극성에 따라서도 달라진다. 채널에서 입점 검토를 하는 이유가 상품 구색을 맞추기 위해서인지 고객의 선택권을 확장하기 위해서인지 잘 알아봐야 한다. 또한 매출 규모와 함께 고민되는 부분은 단가다. 플랫폼 입장에서 얼마나 마진을 확보할 수 있는지에 따라서도 입점이 결정된다.

이러한 과정을 통해 입점이 결정됐다고 해서 또 끝이 아니다. 상품 카테고리별, 플랫폼별로 입점 절차나 과정이 다르기 때문에 플랫폼에 맞춰서 준비해야 할 서류도 다르고 정산 방법 및 날짜도 다르다. 오픈마켓이라면 판매자인 내가 고객에게 직접 배송을 하기 때문에 큰 문제가 없지만, 사입을 시키는 형태라면 입고를 시켜줘야 하는 입장이기 때문에 발주량에 대한 커뮤니케이션 및 입수량에 대한 협의가 진행되어야 가능하다.

입점한 후엔 무엇을 주의해야 할까? 많은 브랜드들이 커머스 플랫폼의 과도한 수수료와 광고비 요청으로 인해 마진이 나오지 않아 어려움을 겪곤 한다. 또 일부 플랫폼들은 브랜드가 이런저런 이유로 행사에 참여하지 않으면 다음번 행사에서 배제시키기도 한다. 행사 참여, 상품 노출 또는 상품 푸시에 관한 담당 MD와의 조율에도 어려움이 생기거나 플랫폼을 운영하는 타사로부터 불이익을 받는 일도 종종 발생한다.

브랜드 운영 초기에는 행사들의 특성이 다르기 때문에 참여를 해보고 그 결과를 바탕으로 이후 행사의 참여를 조정하는 것이 좋다. 어차피 MD나 브랜드 입장에서도 매출이 잘 나오는 것이 서로 좋은 일이기 때문에 맞는 시기나 행사를 찾아나가면 된다.

타사의 커머스 플랫폼에서 수익을 내면서, 동시에 브랜드 이미지까지 지키기란 사실 매우 어려운 일이다. 브랜드가 지향하는 콘셉트와 해당 플랫폼의 성격이 유사하면 큰 상관이 없는데, 그렇지 않을 때는 썸네일과 상세페이지 등의 브랜드 커뮤니케이션 영역에서 브랜드만의 톤앤매너를 잘 유지하면서 운영하는 것이 쉽지 않다. 무조건적으로 자극적인 메시지나 컬러를 활용한다면 BI와는 거리가 생기고 고객들에게 혼란을 줄 여지가 있다. 그래서 처음부터 플랫폼을 선정할 때 신중해야 하는 것이다. 플랫폼의 고객군이 브랜드의 타깃 고객과 일치하는지, 브랜드가 지향하는 방향과 지나치게 차이가 나진 않는지 반드시 점검해보자.

여러 브랜드 사이에서
돋보이는
방법

남의 집 살이는 언제나 서러운 법이다. 많은 논란이 되던 과거 백화점 유통의 갑을 관계가 많이 없어졌다. 다만 브랜드력이 부족한 입장에서 상품을 넣고자 하는 어려움은 여전히 존재한다. 플랫폼이 가진 인지도 또는 매출 규모가 높을수록 진입 장벽은 높다. 또한 거래 형태에 따라 오픈형이 아닌 경우에는 입점이 더 까다로워진다. 입점 수수료 이외에도 광고비 및 성장 장려금 형태로 추가 비용을 지불하는 곳들이 많아지고 있다. 플랫폼 자체에서도 제품 마케팅을 위한 구좌가 존재하는데 카테고리 또는 특별한 메뉴에 들어갔을 때 보이는 배너와 썸네일 중 상위권에 올라가 있는 것들이 다 이러한 광고 구좌다(보통 '광고'라고 표시되어 있다). 성장 장려금의 경우는 브랜드의 성장을 장려하는 목적으로 매출의 증가분에 따라 얼마씩 금액을 지불하는 제도다. 이러한 비용을 지불할 때도 협의를 잘 해야 한다. 통상적으로 유통사에서 제안하는 성장 장려금은 해당되는 상품군이나 브랜드에 따라 다르다. 브랜드 입장에서는 단계별로 실제 매출 성과가 나올 것인지에 대한 예측을 내부에서 필히 진행해봐야 한다. 시뮬레이션을 했을 때 나오는 적용 매출의 기준이나 적용 퍼센트에 대한 기준으로 협의하면 좋다. 이러한 추가적인 비용 또한 수익에 반영시켜 점검을 해봐야 나중에 마이너스를 보는 일이 없다.

여기서 잠깐 다양한 브랜드들이 모여 있는 커머스 플랫폼에서 고객의 눈에 띄는 팁 하나를 이야기할까 한다.

딜명을 통해 브랜드 알리기

앞서 상품을 판매하기 위해서는 썸네일 및 상세페이지가 기본적으로 필요하다고 설명했다. 그런데 썸네일과 상세페이지만큼 중요한 것이 또 하나 있으니 바로 상품의 '딜명'이다. 딜명은 썸네일 이미지 바로 하단 상품에 해당되는 짧은 설명 문구를 지칭한다.

딜명을 브랜드마다 표현하는 방식은 다양하다. 그냥 상품명을 넣

상품의 딜명 예시

백탁 끈적임NO 썬크림/수분 선크림 1+1+1
50만개 돌파

17,900원 ~~19,000원~~

[접이식욕조] 버블스파 홈 1인용 휴대용 원룸 미니 가정용
이동식 간이 개인 목욕통 미끄럼 방지매트증정

균일가
19,900원

[투데이특가]독일 약사가 만든 기적의 크림 인그람스 크림50
0ml

4,500원

자료: 지마켓, 티몬, 위메프

는 경우도 있고 상품에 대한 특징을 부각해서 고객의 니즈를 자극하는 카피를 쓰는 경우도 있다. 또는 상품의 직접적인 특징이 아닌 감성적으로 설득하는 카피를 작성하는 곳들도 있다. 많은 정보를 담고 싶겠지만 글자 수 제한이 있으니 주의하자. 기본적으로 브랜드 내부에서 기준이 되는 매뉴얼을 만들어 활용하면 좋다.

어느 채널이든 같은 딜명을 가지고 있는 것이 고객 입장에서 브랜드를 인지하는 데 도움이 된다. 상품 자체의 차별점 또는 마케팅적으로 커뮤니케이션이 필요한 부분을 선정해서 상품 딜명을 기획해보자. 주로 상품의 특장점, 형태를 드러내는 카피를 딜명으로 주로 작성하지만 상품군에 따라 경쟁사 제품과 구별되는 차별점을 강조해 만들기도 한다.

언젠가는 브랜드 공식몰이 필요해진다

타 플랫폼에서는 아무래도 브랜드를 알리는 데 한계가 있다. 브랜드 스토리를 포함하여 브랜드의 아이덴티티를 보여주기에는 공간이 부족하다. 오프라인 매장으로 비유하면 자사 브랜드 상품이 진열대의 수많은 상품 중 하나에 불과한 것과 같다. 뿐만 아니라 다른 채널에서 판매한다는 것은 결국 해당 채널의 고객 트래픽을 활용한다는 얘기다. 즉, 고객 입장에서는 선택권이 많고 브랜드 입장에서는 충성 고객을 확보하는 데 한계가 있다는 말이다. 물론 이를 반대로 생각하면 폭넓은 고객 데이터베이스를 통해 브랜드를 알리는 기회를 얻을 수 있다는 얘기지만 이 역시 브랜드만의 충성 고객을 얻는 것과는 거리가 멀다.

마진에서도 큰 차이가 난다. 가격 전략을 어떻게 설정하느냐에 따라 달라질 수는 있겠지만 아무래도 공식몰에서 판매할 때 마진에 더 여유가 있다. 외부 채널에서는 수많은 상품이 진열된 상황 속에서 눈에 띄기 위해 판매를 촉진하는 다양한 행사를 진행해야 하고, 그런 활동은 모두 추가적인 비용이 든다. 이를 조율하고 협의하기 위한 노력도 무시할 수 없다. 여기에 커머스 플랫폼들 자체에서도 개성 있고 차별화된 PB 상품을 개발해 경쟁에 뛰어들었다. 그래서 플랫폼 측에서 자신들의 PB 상품과 겹치는 경우에 타 브랜드의 상품 진입을 꺼리는 경우도 종종 발생한다.

이런 여러 가지 이유들로 브랜드를 지속 가능하게 운영하고 싶다면 브랜드 공식몰을 준비하는 것이 좋다. 그렇지만 무조건 필수라는 얘기는 아니다. 공식몰을 정식으로 제대로 오픈하려면 비용은 물론 공수가 많이 든다. 또 공식몰 운영에 어떤 기능과 레이아웃이 적합한지 모르는 상태에서 과하게 개발하거나 투자하게 되면 오히려 향후에 비용이 이중으로 들어가는 상황이 벌어질 수도 있다. 그러므로 비용 투자에 두려움이 있다면 별도 공식몰을 구축하지 않더라도 유사한 형태로 운영이 가능한 메이크샵 또는 카페24 같은 임대형 쇼핑몰들을 활용해보길 추천한다. 이를 통해 최소한의 비용만 지불하면서 나만의 온라인 몰을 만들 수 있을 것이다.

시중에 다양한 임대형 쇼핑몰 사이트들이 나와 있으니 적절한 솔루션을 선택해서 사용하면 된다. 개중에는 커스터마이징이 가능한 곳들도 있는가 하면, 간편하게 운영 측면에만 중점을 두고 만들어진 곳들도 있다. 향후에 브랜드가 성장하여 다양한 기능을 구현하는 데 한계가 있거나 디자이너 또는 MD들의 수동 작업이 늘어나기 전까지는 이러한 임대형 쇼핑몰을 이용하는 것도 나쁘지 않다. 처음부터 사용자 인터페이스UI, User Interface(이하 UI)나 사용자 경험UX, User Experience(이하 UX)을 고려하는 데 제약 조건이 많지만, 제공되는 디자인 레이아웃에 맞춰 비교적 손쉽게 시작해본다는 점에서는 꽤 유용하다. 어떤 식으로든 브랜드 공식몰을 시작하는 것은 타사 커머스 플랫폼에 지불하는 수수료나 광고비를 브랜드의 충성 고객에게 페이백해주는 개념으로 생각하고 시작해보길 권한다.

앞으로는 온라인 상거래가 더 발전함에 따라 온라인상에서 브랜드를 경험하는 비중이 점점 더 커질 것으로 예측된다. 그에 따라 브랜드 공식몰에 대한 중요성 역시 더욱더 커질 것이기에 궁극적으로는 공식몰을 통한 매출 전략을 고민해봐야 한다. 끊임없이 변화하는 온라인 플랫폼들의 움직임 속에서 브랜드는 끊임없이 수수료 인상, 광고비 요청 등에 좌지우지될 수밖에 없는 상황이다. 그러므로 전략적으로 타 플랫폼을 활용함과 동시에 공식몰을 통해 충성 고객을 확보하고 시장 내에서 확고히 브랜드 포지셔닝을 해야만 오랜 기간 동안 브랜드를 운영할 수 있다.

최근 기사에 따르면 패션업계 역시 유통사를 거치지 않고 브랜드 공식몰을 강화하는 방향으로 초점을 맞추고 있다. 나이키가 아마존을 탈퇴하며 온라인 공식몰과 오프라인 매장에서 판매하는 비중을 늘리겠다고 선언한 바 있다. 결국 타사 플랫폼은 브랜드를 성장시키는 데 꼭 거쳐야 하는 과정 중 하나지만 장기적으로는 공식몰을 통해 매출을 극대화하고 판매 비중을 높이는 것에 대한 목표를 가지고 가야 할 것이다.

브랜드 공식몰 설계의 첫걸음

지금부터 브랜드 공식몰 준비에 대한 이야기를 시작해보자. 본격적인 설명에 앞서 알아두어야 할 몇 가지 개념을 짚고 넘어갈 필요가 있다.

우선은 고객 경험의 공간이라는 브랜드 공식몰의 특성이다. 오프라인 환경에서 고객은 '브랜드 매장'을 이용하면서 일관된 이미지와 메시지로 브랜드를 경험한다. 그럼 온라인은 어떠한가? 바로 브랜드 공식몰이 매장과 같은 역할을 한다고 볼 수 있다. 고객 입장에서 브랜드를 경험하는 공간이 오프라인이냐 온라인이냐는 매우 큰 차이가 있다. 오프라인 매장은 영업 시간이 정해져 있지만 온라인 매장은 24시간 365일 열려 있다. 또 운영하는 브랜드 입장에서도 몇 가지 차이가 있다. 오프라인 매장은 임대 비용과 같은 고정비가 나가지만, 온라인 매장은 그에 비해 고정비 부담이 적다. 물론 사이트 운영비가 들지만 건물 임대료보다는 훨씬 싸다. 오프라인 매장에 비해 온라인 공식몰이 타깃에 대한 정확한 정보 파악도 가능하고 이 데이터베이스를 바탕으로 명확한 타깃에게 마케팅함으로써 브랜드 포지셔닝이 가능하다는 점도 다른 점 중 하나다.

최근 크게 대두되는 모바일 커머스M-Commerce라는 개념도 짚어봐야 할 부분이다. 오프라인에서 온라인으로, PC에서 모바일로 구매 형태가 변화하고 있다. 브랜드 공식몰을 구축하고 운영하는 데도 이러한 변화를 고려하는 것이 중요하다.

사이트 구성 파헤쳐 보기

먼저 브랜드 공식몰 사이트의 전체 구성부터 살펴보자. 처음에 공식몰을 구축할 때는 임대형이라 하더라도 전체적인 레이아웃과 디자인을 잡아 나갈 필요가 있다. 공식몰은 기본적으로 브랜드 로고, GNB 메뉴, 검색 바, 와이어프레임Wireframe, 페이지 깊이Depth, 회원 가입 또는 로그인, 고객센터, 메인배너 롤링 영역, 상품 썸네일 영역, 장바구니, 하단 기본 정보 등으로 구성되어 있다.

웹사이트 영역별 표시

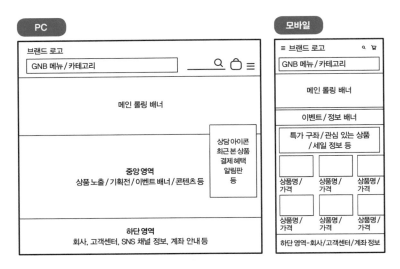

여기서 GNB는 'Global Navigation Bar'의 약자로 웹사이트를 방문한 사용자의 이동 경로를 하이퍼링크Hyperlink(클릭하면 현재 페이지의 다른 부분으로 가거나 전혀 다른 페이지로 이동하게 해주는 아이콘, 이미지,텍스트 등을 말한다) 형태로 모아서 보여주는 내비게이션 시스템이다. 회원 가입을 하거나 사이트를 방문했을 때 어떤 상품을 어디서 검색할 수 있는지 정확하게 알려주는 역할을 한다. 정보가 어느 항목의 어느 부분 또는 카테고리에 속하는지를 표시하는 부분이며, 주로 직관적인 아이콘을 활용해서 많이 제작을 하는 편이다. 메뉴는 주로 좌측 상단에 위치하는데 브랜드의 레이아웃 디자인에 따라 혹은 고객 편의성에 따라 바꿔도 문제없다.

GNB에는 상품 카테고리명이 들어가는 경우가 많다. 초기 상품 SKU 코드가 많지 않을 때는 상품을 그저 나열해도 상관없지만 상품 수가 많으면 카테고리별로 분류할 필요가 있다. 고객이 상품을 검색하고 정보를 얻는 편의성과 긴밀하게 연관된 부분이기 때문이다. 그래서 어떤 상품들을 어떤 카테고리 내로 그룹핑하는 것이 좋은지 생각해봐야 한다. 가장 쉬운 방법은 상품을 종류별로 나누는 것이다. 하지만 고객 관점에서 생각하면 전혀 다른 카테고리로 분류해 고객이 좀 더 편리하게 상품을 검색하고 상품 정보를 습득하게 설계할 수도 있다. 예를 들면 패션 관련 브랜드 공식몰은 상품 종류(상의, 하의, 아우터, 신발, 가방 등)에 따라 카테고리를 나눌 수도 있지만, 타깃(여성복, 남성복, 아동복 등)에 따라, 스타일에 따라(하객룩, 바캉스룩, 홈웨어, 평상복 등) 또는 컬러, 소재 등에 따라 상품 카테고리를 분류할 수도 있다.

전체 레이아웃에서 GNB 외에 상단을 차지하고 있는 부분은 메인배너다. 어느 사이트건 이 메인배너가 여러 개 돌아가는 것을 볼 수 있다. 배너가 롤링되는 것 자체는 대다수 사이트가 비슷한 모습을 띠며 다만 배너 몇 개가 돌아가느냐가 다르다. 메인배너는 상품 출시 내용, 이벤트에 대한 내용, 기획전 위주의 콘텐츠로 이루어진다. 메인배너의 하단도 레이아웃에 따라 구성하기 나름이지만 기본적으로 상품 목록이 세팅되는 편이다.

뼈대와 레이아웃 잡는 방법

그다음은 와이어프레임을 이야기해보자. 와이어프레임은 PC나 모바일 앱 개발 단계에서 보여지는 전체 화면에 관한 대략적인 뼈대와 레이아웃을 말한다. 어떤 화면에 어떤 요소를 올릴 것인지 그림을 그리는 것이다. 사실상 이 과정은 웹사이트 구축 기획에 해당하는 것이라 볼 수 있다. 이 작업의 첫 번째 과제는 브랜드 공식몰에 필요한 기능을 리스트업해서 기능 정의서를 작성하는 것이다. 물론 여기서 특정 기능이 물리적으로 구현 가능한지 점검하는 과정이 선행되어야 한다. 이를 기반으로 사이트 화면의 레이아웃이 결정된다. 보통은 엑셀 문서를 활용하며 가로 항목에는 기능명, 기능 설명, 기능 코드, 페이지 깊이, 작업 요소 등을 적고, 세로 항목에는 구현하려는 기능 단위를 나열해 적는다. 임대형 몰을 활용한다면 어디까지 레이아웃 변경이 허용되는지는 미리 알아보고 들어가야 한다. 어떠한 기능들이 필요한지를 생각해서 전체적인 레이아웃을 설계해놓으면 디자이너가 작업할 때 훨씬 수월해진다.

와이어프레임은 메인페이지를 기준으로 페이지 깊이를 고려해 설계되어야 한다. 페이지 깊이는 사이트 첫 화면 페이지를 기준으로 클릭했을 때마다 하위 페이지로 넘어가는 '단계'를 말한다. 판매 목적이 아닌 콘텐츠 전달 목적의 홍보 사이트라면 일반적으로 3단계 깊이 이상으로는 설계되지 않지만 제품 판매 사이트는 상품 선

페이지 깊이에 따른 예시

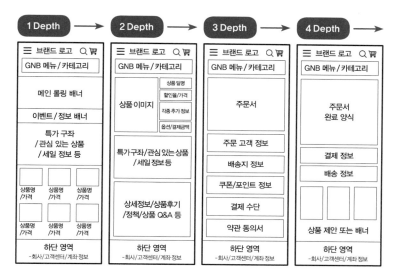

택 후, 구매 과정이 있어 그 단계가 좀 더 복잡하다.

이러한 와이어프레임은 일반적으로 익숙한 위치에 두어야 사실상 리스크가 없다. 그런 이유로 후발주자들이 앞서 만들어놓은 플랫폼 형태와 유사하게 만드는 일이 많다. 소비자들 역시 자주 사용하는 형태가 사용하기 편하다고 느낀다. 그래서 초기에는 다른 사이트들, 특히 모바일 환경에서의 사이트 레이아웃을 많이 참고하는 것이 좋다.

지속적인 테스트와 리뉴얼이 필요하다

앞서 강조한 것처럼 공식몰은 온라인 환경에서 고객이 브랜드를 '경험'하는 공간이다. 그러므로 공식몰 설계가 미흡할 때는 고객 이탈이 일어나기도 한다. 브랜드 공식몰을 만들고 난 후에는 고객이 사이트에 유입되어 상품을 검색하고 구매·결제하는 전체 과정을 직접 시뮬레이션해보면서 점검해야 한다. 예를 들면 메인화면에서 상품 목록이 하단에 나열되어 보이는 게 좋은지, 아니면 좌우 스와이프 형식으로 넘겨보게 하는 것이 좋은지, '바로가기' 탭을 보여주고 상품 목록의 일부만 노출하는 것이 좋은지 등을 테스트하는 것이다.

참고로 나는 사이트를 개발할 때 회원 가입과 결제 과정을 유심히 보는 편이다. 사이트 이용자가 가장 많이 불편을 느끼고 이탈할 수 있는 부분이기 때문에 그렇다. 회원 가입 또는 결제를 완료하는 데까지 전환되는 페이지, 페이지 구성 등을 다양한 각도에서 점검한다. 한번은 회원 가입 과정에서 비밀번호를 설정할 때 사용자가 기입하는 번호를 보이게 설정하는 것이 좋은지, 보안상의 이유로 가려지게 하는 것이 좋은지 고민한 적도 있었다(당시에는 사용자 편의성만 생각한다면 노출되는 편이 나을 수도 있다고 생각했다).

같은 맥락에서 공식몰은 정기적으로 점검하고 사용자 편의성에 맞게 꾸준히 개선하고 보완해야 한다. 한번 만들어놓았다고 끝나는 것이 아니다. 또 공식몰 구축에 있어 처음에는 고객 편의성 중심으로 설계했다면 점차적으로 BI를 반영해 개성을 살리는 쪽으로 리뉴얼하는 것도 방법이다. 오프라인 매장의 리뉴얼이라면 큰 비용이 들겠지만 온라인 사이트의 리뉴얼은 그보다 쉽고 저렴하게 진행할 수 있다.

사이트 리뉴얼을 진행할 때는 몇 가지 주의해야 할 사항이 있다. 첫 번째는 UX 즉, '사용자 경험 기반의 디자인'을 고려하는 것이다. 쉽게 말해 타깃이 선호하는 컬러와 디자인 스타일을 유지하는 것이 중요하다. 특히 메인화면은 오프라인 매장으로 치면 간판과 다름없는데, 만약 리뉴얼 과정에서 메인화면의 디자인이 브랜드 타깃과 맞지 않게 변경되면 고객 이탈이 발생하기도 한다. 바뀐 메인화면을 보면서 '이 브랜드가 왜 변했지? 내가 구매할 만한 곳이 맞나' 하고 생각하게 되는 것이다. '사이트가 변한 만큼 상품들도 변하지 않았을까'라는 생각도 하게 된다. 사이트의 컬러, 폰트, 이미지 등 모든 디자인이 BI를 표현하는 것들이고 충성 고객이 있다는 것은 '브랜드의 표현'을 수용했다는 의미다. 그러니 사이트의 전체적인 톤앤매너를 바꾸게 되면 충성 고객들의 반발이 크게 일어난다. 예를 들어 캐릭터를 활용하는 브랜드라면 캐릭터를 제거했을 때 낮은 연령층의 고객이 떠나가는 현상을 보게 될 것이다.

그래서 리뉴얼을 할 때는 사실상 큰 변화를 주기보다는 부분적으로 조금씩 진행하기를 추천한다. 물론 사이트 운영이 잘되고 있을 때 해당되는 이야기로, 그렇지 않은 경우라면 당연히 문제 사항들을 찾아내 전반적인 개선을 해야 한다.

사이트 리뉴얼 시 고려해야 할 두 번째 사항은 바로 '모바일'이다. 모바일 앱의 매출이 점점 느는 추세로, 어떤 상품은 모바일 앱 매출이 전체의 80퍼센트 이상을 차지하기도 한다. 80퍼센트까지는 가지 않더라도 거의 대부분의 분야에서 PC보다 모바일상의 매출이 더 높다. 이런 점을 고려하여 UI 및 UX를 모바일 환경을 중심으로 구축하는 것도 중요하다. 과거에는 PC 버전으로 시안을 먼저 잡은 후, PC 버전 시안을 모바일 버전에 적용했다면 최근에는 모바일 버전의 레이아웃과 디자인을 우선적으로 잡는다. 매출이 많이 나는 쪽이 우선시되는 것은 당연한 일이니까 말이다.

고객 분석을 통해
공식몰의
방향성을 점검하라

이제 브랜드 공식몰을 오픈한 후 브랜드 공식몰을 운영하는 초기 단계에 대한 이야기를 하고자 한다. 이 초기 단계에서는 어떤 잠재 고객들이 방문하고 어떤 고객들이 실구매자인지에 대한 데이터를 활용하는 것이 중요하다. 이는 브랜드 공식몰이 애초에 설정한 예측대로 가고 있는지 방향성을 점검하는 계기가 된다. 방문자들이 공식몰에 유입된 경로를 되짚어가면서 고객 여정이 보다 원활하게 진행되도록 개선점을 찾는 것이다. 더불어 이러한 개선 과정은 결국 매출 확보 및 운영에 효과적인 방법을 강구하는 역할로 이어지게 된다.

고객의 구매 데이터 분석하기

브랜드 공식몰을 오픈하고 나면 브랜드가 운영하는 SNS 채널을 통하거나 브랜드가 집행하는 마케팅 활동 즉, 광고를 통해 공식몰을 찾는 고객들이 생길 것이다. 이러한 방문자들 가운데 잠깐 들어와서 훑기만 하고 나가는 사람이 있는가 하면 사고자 하는 의지로 구매 단계까지 밟는 사람도 있다. 브랜드가 설정해두기 나름이지만, 구매한다고 반드시 회원 가입을 하는 것은 아니다. 하지만 고객에 대한 이해도를 갖기 위해서는 회원 가입 후에 구매를 할 수 있도록 유도하는 것이 좋다. 그 회원 가입 과정에서 얻게 되는 고객의 기본 정보는 공식몰, 나아가 브랜드를 운영하는 데 중요한 나침반이 되어준다.

가장 먼저 브랜드 운영 초기에 설정했던 타깃 고객과 실제 구매 고객이 같은지를 살펴보자. 시장 내에서 계획한 브랜드 포지셔닝과는 다르게 전혀 다른 타깃군이 구매를 하는 경우도 많이 생긴다. 만약 그렇다면 왜 이러한 현상이 일어나는지 점검할 필요가 있다. 그래서 초기에는 필히 데이터베이스 확보를 통해 브랜드의 현시점을 돌아봐야 한다.

고객의 구매 이력 분석을 통해서도 의미 있는 개선안을 도출할 수 있다. 구매한 고객들의 연령대, 성별, 지역, 방문 주기, 구매 주기, 상품을 구입하는 총 금액, 구매한 상품 목록 등을 들여다보고 이를 분석하면, 고객을 이해하고 구매 패턴을 파악해 판매 전략에 다양한 방법으로 적용할 수 있다.

이러한 분석을 통해 확인된 고객만이 브랜드를 이용하는 것은 아니다. 외부적인 환경 변화, 가격 정책이나 판매하는 상품 변화에 따라 구매 고객이 바뀌기도 한다. 이러한 변동을 파악하고 있어야 어디에 어떻게 집중을 할지 계획할 수 있다. 그리고 판매하는 상품의 차이나 서비스 제공 조건에 차이가 없다면 지역에 따른 상품 구매율 차이는 대부분 지역의 규모에 좌우된다. 즉, 서울·경기 지역을 중심으로 분포가 높다.

■ 가입 절차가 간편하면 가입 고객이 많아질까

공식몰에 가입한 고객 정보를 토대로 인사이트를 얻으려면 우선 가입 고객을 최대한 많이 확보하는 것이 중요하다. 회원 가입 시 고객이 불편함을 느끼지 않는 선에서 가능한 많은 정보들을 얻어내야 한다. 그래야 분석할 수 있는 고객 데이터가 확보된다. 하지만 입력해야 하는 요소가 너무 많거나 회원 가입 페이지가 길어지면 이탈이 일어날 수도 있기 때문에 유의가 필요하다. 그래서 실제 공식몰을 운영하는 실무자들 사이에선 가입 절차를 간소화하면 조금이라도 가입 고객이 늘지 않겠냐는 이야기도 오고 간다.

해외에서는 이미 오래전부터 간편 가입 제도가 활성화되어 있다. 우리나라 역시도 점차 간편 가입 방법을 많이 취하고 있는데 그럼에도 정보 기입에 번거로움을 느끼는 사람들은 비회원 구매를 선택하기도 한다. 이러한 비회원 구매를 선택하는 비중이 과거에 비해 늘어나는 추세다 보니 브랜드 입장에서는 회원 정보를 수집하는데 어려움을 겪곤 한다. 수집에 어려움이 생기니 고객이 어떤 사람들인지 파악하는 일도 여간 어려운 일이 아니다.

나 역시 회원 가입 시 많은 개인정보를 요구하는 형태로도 운영해봤고 반대로 개인정보를 최소화하는 방향으로 변화를 준 적도 있다. 브랜드나 상품 카테고리에 따라 차이가 있겠지만, 적어도 나의 경험으로는 정보 요구를 최소화한다고 해서 구매 비중이 크게 늘지는 않았다. 물론 이 또한 상품군과 상품 특성에 따라 다를 수 있다. 그러나 테스트를 해보고 큰 차이가 없다면 차라리 고객 정보를 최대한 많이 확보하는 것이 브랜드 개선에 도움이 된다. 고객이 정보를 기입하는 번거로운 과정을 기꺼이 진행할 수 있게 하려면 회원 가입 시 바로 사용할 수 있는 쿠폰이나 적립금 등의 혜택으로 가입 유도를 할 필요가 있다.

고객의 방문 횟수와 주기를 놓치지 마라

위와 같은 고객 분석 중에서도 '방문 횟수와 주기'에 대해 보다 구체적으로 설명하고자 한다. 고객이 공식몰 사이트에 몇 차례나 방문했는지, 방문한 횟수에 비해 얼마나 구매했는지, 사이트에 방문하는 주기는 어느 정도인지 등에 관한 것이다.

먼저 고객이 사이트에 방문하는 횟수에 대해 이야기해보자. 만약 고객이 여러 차례 사이트에 방문했는데 구매까지 이어지지 않았다면 어떤 경로에서 구매가 중단됐는지, 어떤 부분에서 고객에게 불편을 주었는지 꼭 확인해야 한다. '상품을 장바구니에 담았는데도 구매까지 이어지지 않았다면 고객은 어떤 지점에서 고민하고 있는 걸까?' 이런 질문을 통해 장바구니에 상품을 담은 고객을 대상으로 광고를 실행하거나 푸시 광고와 같은 구매율을 높이는 아이디어를 떠올릴 수 있다.

구매 고객의 평균 방문 주기도 중요하다. 사이트를 자주 방문하게 만들고 자주 구매하게 만들어야 결국 매출이 늘어나는 법이다. 고객의 방문 주기를 분석해 보다 자주 방문할 수 있게 하는 마케팅을 강구하고, 더불어 방문 후 사이트를 둘러보는 데 불편함이 없게 사이트의 UI나 사용 편의성을 점검해야 한다.

특히 방문 주기는 객단가와 매우 큰 연관 관계가 있다. 한 번 구매할 때 얼마만큼 사는지가 매출을 좌우하기 때문이다. 객단가를 올리면 그만큼 매출은 올라간다. 상품 자체가 고가라면 여러 개를 한꺼번에 사는 일이 많지 않아 상관없지만, 단가가 낮은 상품을 취급하고 있다면 객단가를 높이는 부분에서 여러 가지 시도를 할 필요가 있다. 이에 공식몰에서 가장 쉽게 적용할 수 있는 것이 무료배송 혜택이다. 특정 금액 이상 구매 시 무료배송이 되게 설정한다면 객단가를 일시적으로라도 높일 수 있다.

여러 가지 종류의 상품을 판매하는 곳이라면 객단가를 높이기 위해 고객들이 어떤 조합으로 상품을 구매하는지 추가로 살펴보면 더 좋다. 만약 고객들이 일정 조합으로 구매하는 상품들이 있다면 단품으로 판매하기보다 묶음 형태로 판매해서 객단가를 올려보는 것이다. 또 부담 없는 가격대의 상품을 결제 단계에서 노출시켜 객단가를 높일 수도 있다.

고객 트래픽을 통해 얻는 인사이트

이번에는 고객이 움직이는 패턴에 대해 알아보자. 고객의 행동 패턴을 살펴볼 때는 구매한 고객, 방문은 했으나 구매하지 않은 고객을 구별해 보는 것이 도움이 된다. 또 하루에 몇 명이 회원 가입을 하는지 나아가 몇 시에 회원 가입을 많이 하고, 어느 시간대에 구매하는지, 살펴보면 무척 재미있는 현상을 발견할 수 있다.

그중 고객 트래픽이 많아지거나 구매가 많이 일어나는 시간대에 대해 이야기해보면, 이는 PC냐 모바일이냐에 따라 크게 달라진다. 아침 출근길, 점심시간, 퇴근길 등 이동이 많은 시간대에는 모바일 사용량이 월등히 높다.

쿠폰이나 적립금 지급에 대한 푸시를 했을 때 이에 대한 반응이 언제 오는지도 파악하는 것이 좋다. 시간별·요일별로도 온라인 구매는 오프라인과는 확연히 다른 패턴을 보인다. 방문과 구매는 또 다른 현상을 보이지만 일요일 밤부터 고객 트래픽이 올라가면서 통상적으로 월요일 매출이 좋다.

전체 매출 또는 일매출 중에서 신규 가입자의 구매와 기존 고객의 구매 비중이 어떻게 되는지 검토해봐도 좋다. 그리고 재구매 중에서도 회원과 비회원의 비중도 따져볼 만한다(이후 자세히 이야기하겠지만 재구매율을 높이는 것은 브랜드 운영에 있어 매우 중요하다). 만약 재구매 비중이 원래 패턴보다 줄어드는 추세라면 어떤 부분에서 고객에게 만족을 주지 못하고 있는지 찾아 개선해야 한다.

회원 가입 후 브랜드 또는 회사가 고객 정보를 활용할 수 있는 기간은 1년뿐이다. 이 기간이 지나면 휴면 계정으로 넘어가 더 이상 문자나 메일을 통한 광고 홍보가 불가능하니 정해진 기간 안에서 고객 정보를 전략적으로 잘 활용해야 하는 것이다. 이때 가입 후 구매 이력이 1년 가까이 없는 고객 리스트를 활용해서 홍보 루트가 막히기 전 다시 돌아오게 만드는 마케팅을 하는 것도 방법이다. 바로 사용이 가능한 쿠폰 등의 혜택을 함께 주면서 브랜드를 다시 한 번 상기시키면 고객은 당신의 브랜드를 기억해내고 다시 찾아올지도 모른다. 문자를 보내거나 메신저 푸시를 통해 브랜드를 다시 한 번 상기시키고 바로 사용 가능한 혜택을 함께 주면 응답률을 조금이나마 높일 수 있다.

브랜딩을 고려한
UX 기반의
UI 제작

온라인 기반의 비즈니스에서 UX와 UI는 매우 중요하다. 고객에게 쇼핑 편의성을 제공하고, 구매 과정에서 만족도를 높이는 결정적 역할을 하기 때문이다. UX는 사용자가 사이트를 처음 방문한 시점부터 사이트를 떠나는 마지막 순간까지 고객 경험을 바탕으로 어떤 서비스를 이용하는 데 불편함을 느끼지 않게 하는 설계를 말한다. UI는 UX의 요소 중 하나로, 사용자가 사이트를 처음 방문한 시점부터 떠나는 순간까지 경험하는 환경, 쉽게 말하면 사이트에 접속했을 때 보이는 화면 자체를 말한다. UX를 기반으로 고객의 구매가 편리하고 원활하게 이루어지는지를 점검하여 UI를 설계할 수 있다.

UX와 UI의 차이

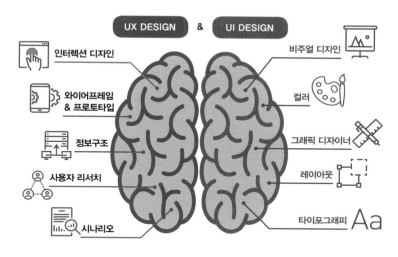

고객이 사이트에 접속했을 때 사용하기가 불편하고 시각적으로 보이는 부분이 매력적이지 않으면 사이트에 오래 머물지 않는다. 머무르는 시간이 짧으면 당연히 구매까지 이어지기도 어렵다. 여기서 매력적이라는 것은 시각적으로 보기 좋게 정리되어 있거나 편의성에 맞춰 사이트를 둘러보고 싶게 만드는 것을 의미한다. 어떤 상품들을 판매하는지, 어떤 브랜드인지 보기 좋게 정리되어 있지 않으면 고객들은 사이트를 방문했다가도 페이지 하단까지 스크롤도 해보지 않고 바로 사이트에서 이탈하게 된다. 그러므로 여러 가지 분석 툴을 통해 사용자가 사이트에 진입한 후 하는 행동들을 면밀히 분석하고 UX를 바탕으로 사이트의 UI를 개선시켜야 할 것이다.

UI 디자인에 톤앤매너 더하라

UX 기반으로 전체적인 사이트의 UI 디자인을 진행할 때, 시각적인 영역에 들어오는 모든 요소들이 잘 구현될 수 있도록 디자인 가이드라인을 갖고 진행하는 것이 좋다. 예를 들어 카테고리 메뉴를 타이포그래피로 표현할지 아이콘으로 표현할지 결정할 때, 고객 편리성뿐 아니라 브랜드 톤앤매너에 맞는 모양과 컬러, 구좌 사이 간격 등까지 고려해서 디자인하는 것이다. 톤앤매너에 안 맞는 디자인 요소들이 가득하다면 브랜드 콘셉트나 시각적 메시지가 제대로 전달되지 않는다. 그런 맥락에서 가이드라인이 명확하게 있어야 공식몰에 유입된 고객들에게 보다 명확하게 브랜드를 인지시킬 수 있다. 일관된 톤앤매너를 유지해야 브랜드는 고객한테 커뮤니케이션 하는 힘이 생긴다.

시각적인 요소 외에도 콘텐츠를 표현하는 스타일에 있어서도 매뉴얼이 있으면 좋다. 이때 매뉴얼은 단순히 레이아웃의 위치나 크기뿐 아니라, 상세페이지나 배너 등에서 브랜드와 상품을 설명하는 데 사용되는 언어 형식까지 포함하는 것이다. 고객한테 전달되는 어투가 제각각인 것보다는 브랜드가 고객한테 어떠한 느낌으로 다가가는지에 따라 언어도 일관성 있게 기준을 세워두면 좋다. 전체적으로 한 가지의 톤앤매너로 매뉴얼을 만들어서 운영해야 고객에게 브랜드를 더 빨리 인지시킬 수 있다.

브랜드에 맞는 카테고리 메뉴 디자인 예시

    로고는 상단 좌측 또는 가운데 위치하는 경우가 대부분인데, 이건 사람들의 시선이 보통 왼쪽에서 오른쪽으로 흐르기 때문이다. 좌측에 로고가 있으면 보다 쉽게 브랜드를 인지시킬 수 있다. 만약 로고 디자인이 브랜드에 대해 직관적인 느낌을 주지 못한다면 로고 하단에 사이트를 인지시켜주는 서브 카피 같은 장치를 넣어주면 좋다. 전체적인 구성은 로고, 검색 바, 쇼핑 카트, 배송과 관련된 정보,

시즌에 따른 배너 또는 이벤트 배너, 로그인 버튼, 내비게이션 메뉴, 썸네일, 사이드바, SNS 링크, 하단 정보 등으로 이루어져 있다.

데이터를 시각화한 히트맵 활용하기

클릭히트Click Heat 또는 히트맵Heatmap이라는 개념이 있다. 이 개념은 데이터를 시각화한 것이라고 생각하면 된다. 웹사이트 내에 진입한 사용자들이 어느 영역을 가장 많이 혹은 적게 클릭했는지, 페이지는 어디까지 스크롤 다운을 하는지, 페이지 내 이동 흐름은 어떻게 되는지를 컬러로 보여주는 것이다. 빨간색의 경우는 사용자 트래픽이 많은 영역이라고 생각하면 되고, 파란색은 사용자가 관심을 덜 갖는 영역이라고 보면 된다.

이를 통해 파악할 수 있는 정보가 무척 많기에 히트맵은 사이트 개선에도 굉장히 유용하게 활용된다. 이 정보를 활용해 클릭을 유도할 수 있는 버튼 위치나 스타일에 대해 변화를 줄 수 있다. 사용자가 하단까지 스크롤 다운을 하지 않는다면, 어느 지점부터 파악해서 콘텐츠를 점검하고 고객이 원하는 정보를 제공하기 위한 고민이 필요하다.

히트맵은 특히 내비게이션 메뉴를 개선할 때 효과적이다. 내비게이션 기능이 명확해야 고객이 사이트에 진입하고도 무엇을 어떻게 구매할지 몰라서 이탈하는 일을 막을 수 있다. 만약 내비게이션 메뉴에 트래픽이 현저히 낮다면 어떠한 상품들이 있는지를 알려주는 '내비게이션 기능 분류'가 잘 안 되어 있다는 의미다.

또한 전체적으로 사이트 내에 노출되는 이미지의 위치, 사이즈, 메뉴 아이콘에 컬러를 넣고 빼는 일, 영상 삽입 등에서도 변화를 주면서 사용자들의 트래픽을 개선해볼 수 있다. 사용자의 이동 흐름을 파악하면서는 어떤 경로를 통해 구매까지 이어지는지, 어떤 상품에 관심도가 높은지 등을 파악할 수 있다. 추가적으로 사이트 내 콘텐츠 텍스트의 포맷이나 길이 또는 위치도 개선이 가능한 영역이다. 어느 정도 단계에서 고객이 이탈을 하는지에 대한 정보를 통해 단계 설정도 다시 고민해보도록 하자. 이러한 정보들이 전체적인 사이트 개선에 대한 아이디어를 제공하며 이후 와이어프레임을 적용할 때 사용자 여정 개선에 도움을 주기도 한다.

눈에 보여야 클릭한다

고객이 사이트에 들어와서 가장 많이 머물러 있는 영역은 어디일까? 사이트로 유입된 사용자들은 PC든 모바일이든 GNB 영역 즉, 한쪽 편의 메뉴와 메인배너 부분을 가장 먼저 둘러보게 된다. 그런 다음 바로 그 아래 부분까지 둘러보는 편이다. 그래서 많은 브랜

메인배너 면적에 따른 상품 목록 변화 예시

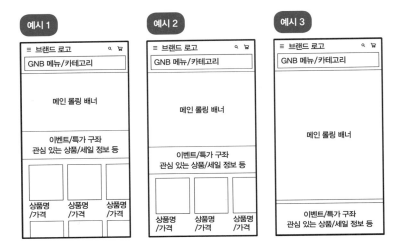

드 사이트들이 롤링 영역 바로 하단에 타임 특가, 브랜드 세일 등 시간 제한을 두는 주요 프로모션 배너를 배치해두는 경우가 많다. 이러한 배너가 어느 위치에 걸리는지에 따라서도 매출에 차이가 난다는 것이 놀라울 뿐이다.

앞서 언급한 것처럼 메인배너의 세로 길이는 전체적인 디자인 레이아웃에 따라 다르다. 보통 메인배너 밑으로 상품 목록이 어느 정도 선에 걸쳐 노출이 되는데 이때 어느 쪽이 클릭률 또는 유입이 많을까? 위 그림을 통해 예상해보자.

메인배너가 길면 길수록 하단의 썸네일이 모여 있는 상품 목록 페이지가 잘 보이지 않는다. 또 썸네일 높이를 어떻게 잡고 가는지에 따라 사용자가 한 페이지에 보는 상품의 개수도 달라진다. 당연한 얘기지만 상품이 많이 보여야 구매율도 높다. 일단 눈에 보여야 쉽게 클릭을 하기 때문이다. 운영자 입장에서는 사이트의 모든 구석구석에 구경거리가 많겠지만 고객들은 그렇게 생각하지 않는다는 점을 냉정하게 받아들여야 한다. 매력이 없는 코너는 소위 '눈팅'만 하고 넘어갈 뿐 클릭 한 번조차 하지 않는다.

PC에서 모바일 환경으로 사용자가 많이 옮겨가면서 모바일 환경에 대한 고려를 먼저 하는 경우가 많다. 모바일 전문가인 스티브 후버Steve Hoober가 1,333명을 대상으로 '스마트폰 잡는 법'에 대해 조사한 결과에 따르면 49퍼센트의 사람들이 한 손으로 스마트폰을 이용한다고 한다. 크기가 좀 더 작은 아이폰 사용자로 범위를 한정하면 그 비율은 무려 85퍼센트까지 올라간다. 이런 연구 결과가 시사하는 바는 무엇일까? 모바일 사용자에게 만족할 만한 사용자 경험을 선사하기 위해서는 한 손으로 다다를 수 있는 영역 내에서 메뉴와 카테고리를 디자인해야 한다는 얘기다.

이러한 개선을 위해서 A/B 테스트 기법을 활용해보자. 브랜드 측에서 어떤 결정을 내리기보다는 실제로 고객들이 어떻게 반응하는지를 명확하게 알기 위해 A와 B를 기간을 두고 테스트하는 것을 말한다. A와 B 중 반응이나 클릭이 더 많은 쪽, 또 매출에 더 영향을 주는 쪽을 선택하면 된다. 시간이 좀 걸리긴 하지만 리스크를 줄일 수 있는 가장 확실한 방법이다. 고객을 대상으로 테스트한다는 것

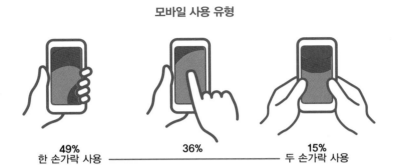

모바일 사용 유형

49%
한 손가락 사용 ———————————————————————— 36% ———————————————————————— **15%**
두 손가락 사용

모바일 크기에 빠라 달라지는 엄지 영역Thumb Zone

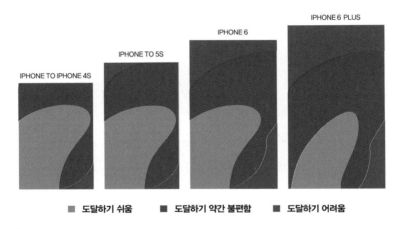

IPHONE 6 PLUS

IPHONE 6

IPHONE TO 5S

IPHONE TO IPHONE 4S

■ 도달하기 쉬움　　■ 도달하기 약간 불편함　　■ 도달하기 어려움

이 다소 어색하게 느껴지는 사람도 있을 것이다. 하지만 고객들의
사용 경험을 토대로 더 효과적인 사이트 구축을 하기 위한 방법이
라고 생각하면 된다.

UX와 UI 점검 시 주의할 것

UX와 UI 측면을 정기적으로 점검하다 보면 오류나 수정 사항들을 많이 발견하게 된다. UX와 UI 부분과 더불어 진행 중인 콘텐츠에 대해서도 내부 구성원들 사이에서는 객관적인 조언이 나오기 힘든 게 사실이다. 여러 팀들이 서로의 영역에 대해서 의견을 제시하는 자리를 통해 약간의 객관적인 조언이 나오기도 하지만 그 정도에 한계가 있다. 내부인들은 이미 그 브랜드 또는 회사에 로열티를 갖고 있고 사용에 익숙해 객관적인 시각을 갖기 어렵기 때문이다. 연애를 할 때도 내 사람은 객관적으로 볼 수 없는 것처럼 말이다. 그래서 정기적으로 현 상황에 대한 객관적 판단을 위해 가볍게 소비자 설문조사를 진행하거나 포커스그룹 인터뷰를 진행하면 좋다. 전체적인 사이트 사용에 있어서 불편했던 부분들이나 다양한 피드백을 들어보면 개선에 많은 도움이 된다. 비용과 시간을 많이 투자하지 않으면서도 의미 있는 결과를 얻으려면 브랜드가 원하는 명확한 타깃을 설정하고, 정확한 내용으로 질문지를 작성해야 한다. 구글 스프레드시트로 연동시키는 게 가장 일반적인 방법이며 적립금 지급 또는 쿠폰 지급으로 참여를 유도할 수 있다.

구매 고객 분석으로
최적의 판매 전략
도출하기

공식몰을 운영하면서 얻게 되는 다양한 고객 데이터는 여러 가지로 활용될 수 있다. 브랜드 방향성, 디자인 방향성뿐 아니라 구체적인 운영 방법 및 판매 전략의 개선도 이 데이터를 통해 이루어진다. 이때 단순히 회원 수가 몇 명이고 매출이 어느 정도 일어났는지 정도만 체크해서는 안 된다. 그래서는 개선을 위한 충분한 인사이트를 얻을 수 없다. 고객이 브랜드 공식몰을 어떤 경로를 통해 진입했고, 어떤 방식으로 사이트를 둘러보며 구매하는지에 대한 깊은 이해가 필요하다. 고객이 브랜드를 인지하고 구매하는 과정들 속에서 이에 대한 적중률을 높일 수 있는 순간들이 많이 존재한다. 우리의 목표는 고객 성향을 파악해 구매 적중률을 더 높이고 비슷한 성향의 고객을 더 유입시키는 데 있다.

고객이 브랜드를 인지하고 구매하는 과정을 자세히 풀어보면 다음과 같다. 첫 번째 단계는 호기심을 느끼는 단계다. 해당 브랜드 또는 상품에 대한 관심이 생겨 관련 정보를 탐색한다. 다음으로는 검색엔진을 통해 검색하고, 노출되는 다양한 이미지와 콘텐츠를 통해 브랜드와 상품에 대한 정보를 습득하는 단계를 거친다. 그렇게 여러 정보를 얻고 나면 고객은 구매 확신을 얻기 위해 다른 상품이나 유사 브랜드를 검색해서 비교하게 된다. 구매의 목적이 확실한 경우는 이 단계를 생략하고 바로 구매로 이어지기도 한다. 그 후 비교 결과로 확신을 얻으면 행동 즉, 구매로 넘어간다. 바로 이때 고객은 공식몰에 유입되는데 공식몰 내 구매 프로세스가 최대한 편리하고 빠르게 설계되어 있을수록 구매 적중률이 높아진다. 맨 마지막 단계는 고객이 상품을 받아보고 상품을 실제 사용하게 되는 단계다.

위와 같은 단계를 유념하면서 공식몰 운영 및 판매를 개선하기 위한 방법을 논의해보자.

오가닉 유저를 공략하자

한 통계에 따르면 사람이 하루에 접하는 광고가 300건 이상에 달한다고 한다. 숫자로만 들어도 엄청난 양이다. 만약 고객이 당신의 브랜드 공식몰에 방문을 했다면, 이러한 광고 홍수 속에서 브랜드를 인지시키는 데 성공했다는 의미다. 수많은 광고들 속에서 짧은 순간에 브랜드 인지까지 도달하기는 어려운 법인데 첫 단계는 성공한 셈이다. 이렇게 광고를 통한 경로로 공식몰에 들어오는 사람도 있고 광고 경로가 아닌 순수하게 브랜드를 검색하거나 앱을 다운받아 들어오는 사람도 있다. 이들을 오가닉 유저Organic User라고 표현한다. 오가닉 유저가 얼마나 되느냐는 브랜드에게 무척 중요하다. 순수한 브랜드 인지도를 파악할 수 있는 명확한 수치기 때문이다. 만약 오가닉 유저는 지속적으로 떨어지고 광고를 통한 경로로 유입되는 사람만 많아진다면 광고에 대한 의존도를 점검해봐야 한다. 그래서 오가닉 유저 수치를 계속 살펴보는 것이 중요하다.

브랜드 인지도를 점검하는 또 다른 방법은 검색 비율을 확인해보는 것이다. 당신의 브랜드가 할인이나 프로모션을 자주 하는 브랜드라고 가정해보자. 검색할 때 브랜드명이 아닌 이벤트 키워드의 비율이 높아진다면, 이벤트를 지나치게 하는 것은 아닌지 점검해볼 필요가 있다. 브랜드 자체의 인지보다 행사에 대한 인지가 더 고착화되고 있다는 신호기 때문이다. 또한 유입되는 고객들이 PC나 모바일 사이트로 방문을 하는지, 모바일 앱을 다운받아서 들어오는지도 살펴봐야 한다. 사용자들의 스마트폰 디바이스(안드로이드폰인지 아이폰인지) 비중도 알아두면 좋다. 화면 구성에서 다소 차이가 있기도 하고 비중이 높은 디바이스에 맞춰 먼저 테스트를 실시하기도 좋기 때문이다.

유입되는 환경에 따른 차이만큼이나 중요하게 살펴봐야 하는 부분은 언제 가장 많이 들어오고 언제 구매를 하는지에 대한 정보다. 무슨 요일, 어떤 시간대에 구매 성향이 높은지 파악하는 것도 중요하지만 유입 경로도 이와 연관성이 높기 때문이다. 특별히 광고를 하지 않았는데 어떤 시간대에 유입이 많았다면 그 시간대에 광고를 하면 효과가 더 극대화될 수 있다는 의미다.

온라인은 월요일 매출이 가장 좋다

하루 중 어느 시간대에 브랜드 공식몰로 사람이 가장 많이 유입되는지 매일 모니터링을 해보자. 여기에 많은 것들이 담겨 있다. 가장 큰 인사이트는 PC와 모바일의 차이다. 같은 사이트라도 시간대 그래프는 상당히 다른 모습을 보인다. PC는 물리적인 제한이 있기 때문에 시간대별로 그래프의 모습이 확연하게 차이가 난다. 반면 모바일 기기를 통한 접속 시간대의 그래프는 PC에 비해서 완만한 모습을 보인다.

트래픽이 높은 시간대를 파악해놓으면 시도할 수 있는 것이 많아진다. 시간대에 맞춰서 광고 세팅을 다르게 진행할 수도 있고 적

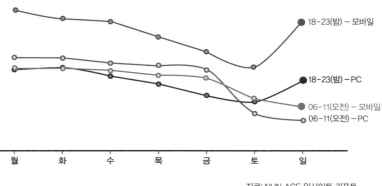

PC와 모바일의 요일별 매출 그래프 예시

18-23(밤) – 모바일

18-23(밤) – PC

06-11(오전) – 모바일
06-11(오전) – PC

월 화 수 목 금 토 일

자료: NHN ACE 인사이트 리포트

립금이나 쿠폰 푸시도 관심이 높은 시간대를 활용하면 효과가 크다. 시간대 외에도 온라인 환경에서는 요일의 영향을 많이 받는다. 산업군이나 판매 상품에 따라 차이가 있을 수 있지만, 통상적으로 온라인 판매는 월요일 매출이 가장 좋다. 주말 매출은 평균적으로 다 낮은 편이다.

매출 그래프의 흐름은 보통 주말로 갈수록 점점 떨어지는 모습을 보이며 날씨가 좋은 주말일수록 그래프는 더 급격하게 떨어진다. 그러다 일요일 저녁부터 통상적으로 방문자 및 구매 수가 상승하는 모습을 보이곤 한다. 소위 '월요병'을 이겨내기 위해 쇼핑을 하는 게 아닌가 싶다. 그래서 많은 온라인 기반 브랜드나 플랫폼들이 월요일로 행사나 프로모션을 세팅하는 경우가 많다. 하지만 상품에 대한 검색은 일요일 밤부터 시작되기 때문에 미리 유입을 유도하

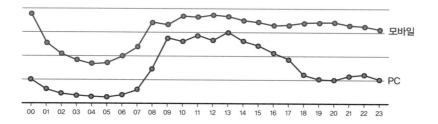

PC와 모바일의 시간대별 매출 그래프 예시

모바일

PC

00 01 02 03 04 05 06 07 08 09 10 11 12 13 14 15 16 17 18 19 20 21 22 23

기 위해 일요일 밤부터 광고 설정을 강화하기도 한다. 시간대와 유사하게 접속하는 환경에 따라 요일별 접속 현상도 다르다. 모바일은 PC보다 금요일 또는 토요일까지도 수치가 PC에 비해 낮지 않다. 이러한 점만 봐도 브랜드의 앱 다운로드가 얼마나 중요한지 알수 있다.

유입에 대한 부분을 검토하고 나면 그다음은 구매 전환율을 살펴봐야 한다. 즉, 사이트에 들어온 사람들 중 몇 명이나 구매를 했는지 알아보는 부분이다. 상품을 탐색한 후 구매까지 시간은 얼마나걸렸는지, 전체 유입 수 중 실제로 구매로 전환된 비중이 어느 정도인지에 대한 확인도 필요하다. 구매 전환율에 대한 기준을 지속적으로 높이는 노력을 해야 결과적으로 유입 대비 전환율 자체를 올려 매출이 늘어날 수 있기 때문이다.

검색 단계에 주목하라

모든 사이트는 상품 검색 기능을 갖고 있다. 다만 관련된 영역과 위치가 조금씩 다를 뿐이다. 고객이 단순히 브랜드만을 인지하여 사이트에 들어왔을 때에는 목적성이 크게 없어 검색 기능을 잘 사용하지 않는다. 하지만 특정한 상품에 대한 구매 목적을 갖고 들어왔을 때는 검색 기능이 많이 사용된다.

소비자들이 무엇을 검색했는지 분석하면 사이트에서 기대하는 고객의 니즈가 무엇인지, 나아가 고객의 성향까지도 파악이 가능하다. 다양한 상품을 판매하는 플랫폼이라면 어떤 카테고리에 어떤 상품을 더 추가할지 타진해볼 수도 있을 것이다. 브랜드 공식몰의 경우에도 상품이 다양할 때에는 고객들이 어떤 상품을 검색하는지에 따라 마케팅 전략을 바꾸기도 한다. 구매를 유도하고 싶은 특정 상품이 있거나 기획전이 있는 경우는 검색창에 광고 문구 형태로 한 번 더 강조하기도 한다. 또한 사람들은 검색할 때 종종 오타를 일으킨다. 오타를 냈는데도 찾던 상품이 나와주면 고객 입장에서는 다시 재검색을 안 해도 되니 얼마나 편리할까? 오타가 잘 나는 단어나 '소시지'와 '소세지'처럼 맞춤법이 헷갈리는 단어는 어떻게 검색하든 해당 제품이 다 노출되게 하는 것이 중요하다. 조금 더 고객 편의성에 맞춰 이들 모두가 검색 결과로 나올 수 있게 해야 한다.

구매 주기를 파악하라

고객들이 어떤 주기로 얼마큼 구매를 하는지도 파악해볼 필요가 있다. 단순히 자주 사는 것 같다는 생각으로 그치면 안 되고 한 번에 얼마를 사고 얼마나 자주 사는지를 알아야 한다. 이 두 가지 요인은 연계성이 무척 깊다. 유통기한이 있는 식품 카테고리를 예로 들어보자. 유통기한이 40일이라고 가정하면 몇 개를 구매하느냐에 따라 소비자가 그 제품을 얼마나 자주 먹는지를 추측할 수 있다. 주로 평일에 그 제품을 한 번 정도 먹는다고 가정해보자. 20개짜리 번들을 판매했다면 이 고객은 한 달 정도 후에 재구매를 하게 될 것이다. 그렇다면 소진 시점이 되어서 광고 노출이나 푸시를 하게 되면 재구매율을 더 높일 수 있지 않을까?

어느 정도의 금액을 넘겨서 구매하는지에 대한 분석도 해보자. 만약 메인 상품을 구매 후 같이 조합을 할 수 있는 추가 상품을 샀다면 메인 상품과 추가 상품과의 구성을 조합해서 또 다른 상품 딜을 만들 수 있다. 고객이 어떤 조합으로 구매를 선호하는지에 대한 패턴을 보고 역으로 MD 영업 전략에 대한 아이디어를 얻는 방식이다. 더 나아가서 어떤 이유로 이렇게 구매하는지를 파악해 추가 상품 구성을 늘리는 것도 방법이다.

고객의
재구매 유도를 위한
적립금·쿠폰 활용법

　브랜드의 충성 고객을 확보하기 위해서는 우선 브랜드가 정한 타깃 고객이 공식몰에 많이 방문해야 할 것이다. 또 방문했지만 구매는 하지 않은 잠재 고객들도 끌어들여야 한다. 더 나아가 과거에 구매를 여러 차례 했음에도 최근에는 방문이 뜸한 고객들에 대한 관리도 필요하다. 결국 고객들이 시장 내 다른 상품이 아닌 우리 브랜드를 선택하게끔 만들어야 하고 같은 상품을 다른 플랫폼이 아닌 공식몰에서 구매하게끔 노력을 해야 충성 고객들이 확보된다.

　다른 플랫폼이 아닌 공식몰을 선택하는 이유는 구매 과정의 편의성이나 명확한 구매 이유가 있기 때문이다. 결국 관건은 고객에게 '어떤 혜택들을 제공해야 공식몰로 끌어들일 수 있을까'이다.

우리가 고객 입장일 때를 한번 떠올려보자. 어떤 브랜드에서 자꾸 할인쿠폰이나 적립금을 준다는 푸시가 온다면 당신은 그 브랜드의 관리 대상이 되었다는 뜻이다. 한 번 구매했거나 재구매 주기가 돌아온 거라고 생각하면 된다. 이런 로직을 거꾸로 잘 활용해서 브랜드 공식몰 운영에 적용해보면 좋은 결과를 얻을 수 있다. 푸시를 하면 유입률이나 구매 전환율이 달라질 수밖에 없다. 적립금이나 할인 쿠폰도 그렇다. 고객 유입을 유도하고 후킹할 수 있는 방법은 많다. 다양한 테스트를 해보면서 어떤 방법이 고객의 상품 구매를 높이는지 파악하도록 하자.

고객 유입을 위한 할인쿠폰 지급

브랜드 공식몰에 접속했을 때를 떠올려보자. 회원 가입 시 적립금 얼마를 지급한다거나 이러저러한 쿠폰을 준다는 팝업 메시지를 본 적 있을 것이다. 이런 종류의 팝업창에 혹해 가입한 적이 있지 않은가? 뭔가를 살까 말까 고민하고 있는데 타이밍 맞게 적립금이나 쿠폰이 지급되면 추가적인 혜택을 얻는 것 같아 사게 되는 것이 소비자의 자연스러운 심리다. 이런 고객 혜택은 여러 종류가 있는데, 크게 무료배송, 할인 및 이벤트 쿠폰 지급, 적립금 제공 정도로 나뉜다. 이러한 혜택은 어떻게 활용하느냐에 따라 고객을 해당 사이트로 다시 오게 만드는 락인Lock-in 효과를 얻을 수 있다.

할인쿠폰 지급은 고객에게 주는 기본 혜택 중 하나다. 단, 누구를 대상으로 어느 시점에 어떠한 내용으로 지급하는지가 중요하다. 아무 이유 없이 할인쿠폰을 날마다 뿌려대면 설정해놓은 가격이 의미가 없다. 또한 할인쿠폰은 쓸 수 있는 기간도 정해놓아야 하는데, 이는 특정 기간 동안 빠른 구매를 유도하기 위해서다. 어느 정도 기간이 적절할까? 일단 할인쿠폰을 적용했을 때 영향을 미치는 마진에 대한 점검이 기본적으로 필요하다. 이는 무료배송 쿠폰이나 적립금에서도 동일하게 적용되는 사안이다. 사업을 하면서 손해를 볼 수는 없으니 수익을 계산할 때 추가적으로 지급되는 혜택에 대한 부분을 감안해서 마진을 잡는 것이 중요하다. 고객한테 판매할 수 있는 법적 기간이 얼마 남지 않았거나 다음 시즌 상품 출시를 앞두고 있어 재고 소진이 시급한 경우라면 최대치의 할인율을 적용해볼 수도 있겠다. 하지만 이 역시 다음번 할인쿠폰 지급에 영향을 미칠 수 있는 부분이기에 신중을 기하는 것이 좋다. 애초에 가격이 싸서 마진이 별로 남지 않는 상품일 경우에는 쿠폰 적용에 제한을 둬야 한다. 그런 상품에 "해당 할인 적용에서 제외된다"라고 고시만 제대로 하면 큰 문제는 발생하지 않는다.

그다음 생각해볼 부분은 '누구에게' 할인쿠폰을 줘야 매출에 가장 효과적일까 하는 것이다. 일괄적으로 모두에게 주면 그만큼 매출이 늘어날까? 그렇지 않다. 쿠폰을 지급할 때는 소비자가 특별한 느낌을 받도록 만들어야 한다. 특별한 상황이라는 혹은 '당신에게 만 주는 것이니 지금 꼭 사용해야 한다'는 느낌을 들게 해야 하는 것이다. 이렇지 않고 모두에게 매번 쿠폰이 지급되면 '이 브랜드는 왜 매번 이렇게 쿠폰을 뿌리나', '판매가 잘 안 되나'와 같은 오해를 사기도 한다.

생각보다 많은 소비자들이 할인쿠폰을 잘 사용하지 않는다. 쿠폰을 다운받긴 하지만 정작 쿠폰을 활용해서 구매까지 가기 어렵다는 의미다. 고객의 쿠폰 사용률을 높이고 싶다면 먼저 지급하고자 하는 고객군을 집단으로 묶어보기를 추천한다. 상품 주제별로 또는 특정한 고객군을 잡아 타깃팅하는 것이 중요하다. 어느 등급 이상의 회원이나 일정 기간 방문을 하지 않은 고객군처럼 말이다. 회원 등급에 따라 혜택을 다르게 설정했을 경우, 등급이 높은 회원일수록 더 높은 등급으로 올라가기 위해 더 많은 소비를 하는 일도 발생한다.

그 외 기획전과 관련된 이벤트에 참여시켜 쿠폰을 지급하는 방법도 있다. 이벤트 참여로 인한 쿠폰은 단순히 타깃을 지정하여 지급하는 쿠폰보다는 혜택이 커야 한다. 이벤트 쿠폰은 그만큼 받기 어렵기 때문에 참여율에 영향을 미친다. 그러므로 어느 정도 참여할 것에 대한 예측이 필요하다. 한번 운영해보면 대략 몇 퍼센트의 고객이 이벤트에 참여하고 그중 또 몇 퍼센트가 쿠폰을 사용하는지에 대한 데이터가 나온다. 이 데이터를 바탕으로 다음 지급 방식을 고민하면 된다. 이때 이벤트에 대한 설명이 얼마나 잘 되어 있는지, 얼마나 쉽게 참여할 수 있도록 세팅됐는지 살펴보는 것도 중요하다.

참여를 하려는데 뭔가 앱을 다운받아야 한다거나 과정이 복잡하면 참여율도 저조하고 세팅된 쿠폰이 무용지물이 되는 경우도 종종 발생한다. 참여 방법 자체도 중요하지만 참여했을 때 당첨 확률이 높아야 고객을 더 끌어들일 수 있다. 당첨될 확률이 낮아 보이면 아예 참여를 안 하는 경우가 많다. 더불어 이벤트 내용에 오해의 여지가 없어야 하며 고객 클레임이 들어왔을 때 이에 대한 대응도 원활하게 이루어져야 한다. 그러려면 이벤트 내용이나 혜택 기준 등을 고객 대응 담당자와 필히 공유해야만 한다.

푸시를 보내는 기간과 시간대도 중요하다. 한참 회사 일로 바쁜 시간에 할인쿠폰 알람을 받았다고 해보자. 그래서는 푸시를 눌러보지도 않거니와 받은 내용을 기억해서 다시 열어보는 비중도 생각보다 적다. 모든 상품은 종류에 따라 검색이 많이 일어나는 특정한 시간대가 존재한다. 그런 시간을 잘 노려 푸시를 보내야 한다. 해당 상품을 구매하는 고객의 행동 및 구매 패턴을 앞서 언급한 데이터를 통해서 분석했다면 충분히 전략적으로 이를 활용할 수 있다.

심지어 푸시를 보낸 뒤 쿠폰 유효 기간이 끝나기 전에 한 번 더 인지 알람을 보내는 것도 방법이다. 물론 비용이 드는 부분이기 때문에 신중해야 하지만 푸시를 더블로 하는 방법도 생각해볼 필요가 있다. 물론 주기적으로 푸시를 받는 고객의 피로도 점검도 필요하다. 푸시에 대한 피로도 때문에 앱을 삭제하는 비율이나 마케팅 수신 차단 비율이 어떻게 되는지 등을 푸시 주기에 따라 살펴보는 것이 좋다. 이에 따라 푸시 횟수를 조율하거나 타깃을 전체가 아닌 세부적으로 공략하는 방식을 취해야 한다.

객단가를 올리는 무료배송과 적립금

무료배송은 앞서 잠깐 언급했듯 공식몰에서 객단가를 올릴 때 전략적으로 활용하는 혜택이다. 한 개의 상품을 추가로 더 담았을 때 무료배송을 받을 수 있으면 한 가지를 더 추가로 구매하는 경우가 대부분이다. 하지만 추가로 구매 없이 무료배송 혜택을 준다면 객단가는 조금 떨어질지 모른다. 무료배송으로 객단가가 낮아져도 추가적인 매출 확보가 필요한 상황에서는 이 같은 방법도 활용해볼 만하다. 배송 비용으로 마케팅을 하는 셈이다.

적립금도 보통 첫 구매에 혜택으로 주어지거나 기존 고객이 재구매를 할 때 주어진다. 적립금의 경우도 얼마 이상부터 현금처럼 사용할 수 있도록 하는 '허들'을 만들어보는 것이 좋다. 그래야 지속적으로 적립금을 쌓는 재구매 패턴을 띠게 된다. 하지만 가끔은 이벤트 형태로 얼마 이상이 아니라 곧바로 현금처럼 쓸 수 있다고 하면 고객 반응이 즉각적으로 나온다. 어느 정도의 기간 한정을 두고 이런 이벤트를 통해 추가적으로 매출을 늘릴 수도 있다.

상시 매출과
행사 매출의
밸런스에 주의하라

브랜드를 운영함에 있어 상시 판매와 행사 진행은 동시에 이루어져야 한다. 처음부터 노세일No Sale 브랜드로 포지셔닝하는 경우가 아니라면 말이다. 하지만 브랜드 인지도가 자리 잡기 전까지 이두 가지를 함께하기란 매우 어렵다. 브랜드마다 매출 목표가 존재하니 행사나 할인을 안 할 수도 없고, 계속 행사를 진행하자니 어디까지 하는 게 맞는지 고민이 생기기 마련이다. 여기서 중요한 것은 상시 매출과 행사 매출 사이에서 얼마나 균형을 잘 잡느냐다. 이 장에서 어떻게 하면 이 균형을 잘 잡을 수 있는지 한번 알아보자.

상시와 행사 매출의 이상적인 밸런스

만약 우리 브랜드가 딜 형태의 행사들을 많이 진행하는 채널에 입점했다고 가정해보자. 행사 주제에 따라 정기적으로 상품 구성을 다르게 하고 사은품을 다르게 증정한다고 해도 결국 고객 입장에서는 '늘 할인하는 브랜드'로 인지될 것이다. 공식몰에서도 특정 제품에 대해 가격 할인을 자주 진행할 경우 역효과가 나기 쉽다. 소비자에게 '이 브랜드는 행사를 매번 하는 브랜드'로 인식되는 것이다. 커뮤니티 같은 곳에서 '여긴 행사를 자주 하니까 굳이 지금 살 필요가 없다'는 식의 이야기마저 돌게 된다. 앞에 판매가 잘 안 되어서 쿠폰을 많이 뿌린다는 인식과 유사한 형태다. 매번 행사하는 브랜드로 이미지가 비춰져버리면 행사 외 기간 동안에는 매출이 발생하기 어려운 상황이 온다. 행사로 발생하는 단기적 매출 성과는 좋을 수 있어도 브랜드 측면에서는 장기적으로 좋지 않은 영향을 미칠 수밖에 없다.

과거 내가 몸담았던 회사에서 운영한 신발 브랜드도 이와 비슷한 일을 겪었다. 매출을 높이기 위해 백화점 세일 행사에 해당 브랜드를 늘 포함시켰는데 그렇게 행사 매대에 지속적으로 노출되다 보니 브랜드 자체가 '행사 매대용 브랜드'로 인식되어버린 것이다. 그렇게 행사 브랜드로 낙인찍혀 국내 시장에서 더 이상 매출 향상이 어려워 결국 철수시켰던 경험이 있다.

그렇다면 단기적인 성과에 매몰되지 않고 단기와 장기적인 관점에서 가장 이상적인 상시 매출과 행사 매출의 밸런스는 몇 대 몇일까? 사실상 매출에 대한 밸런스뿐만 아니라 예산 지출에도 밸런스가 중요하다. 단기적인 매출 성과를 위한 투자와 장기적으로 브랜드를 발전시키기 위한 투자 사이에도 밸런스가 필요하다는 얘기다.

매출 비중에 대한 트래킹은 필수

전체 브랜드 매출을 상시와 행사를 구분하지 않고 전체 수치로 보는 것도 관리 측면에서는 물론 필요하다. 하지만 입점된 플랫폼 및 공식몰에서 발생하는 상시 매출과 행사 매출을 구분하여 트래킹하는 것이 더 중요하다. 플랫폼의 특성에 따라 이 비중에서 큰 차이가 발생하기도 하기 때문이다. 같은 상품을 판매하는데도 상시 매출이 굉장히 높은 플랫폼이 있고, 때로는 행사 매출을 빼면 상시 매출이 거의 발생하지 않는 플랫폼도 있다. 딜 형식의 플랫폼은 사실상 행사 매출이 많을 수밖에 없고 그렇지 않은 오픈마켓은 상시 매출 비중이 높다. 물론 이것도 상품의 특성에 따라 다르긴 하다. 그러므로 각 플랫폼에서의 브랜드 퍼포먼스 방향을 파악하기 위해 각 플랫폼별로 상시와 행사 매출에 대한 모니터링이 필요하다. 모니터링의 결과에 따라 행사 기간이나 품목을 조정할 수 있고 그에 알맞은 마케팅 계획을 세울 수 있다.

상품 차별화로 상시 매출 올리자

소비자의 구매 패턴을 살펴보다 보면 채널에 따라 상품 차별화를 해야 할 시점도 온다(물론 상품의 종류가 어느 정도 갖춰져 있을 때 가능한 이야기다). 오프라인 매장들 중에서도 역사가 오래된 대중적인 브랜드들은 상권에 따라 상품의 구성 자체를 다르게 하는 차별화 방식을 쓰기도 한다. 이처럼 같은 브랜드라 하더라도 '이곳에서만 판매한다'는 인식이 형성되면 고객 성향에 맞게 적중 판매가 가능하다.

판매하는 상품 종류가 많으면 많을수록 플랫폼에 따라 행사 판매와 상시 판매 간의 차이가 확연히 난다. 하지만 플랫폼마다 메인 타깃이 서로 다르기 때문에 이 판매의 차이는 플랫폼 차원에서 분석하기보다는 상품 차원에서 분석할 필요가 있다. 상시와 행사 때 실제로 어떤 제품들이 판매됐는지 분석하는 것이다. 만약 상시에서도 판매가 잘되는 상품이라면 굳이 행사를 진행할 필요가 있는지 고민해봐야 한다. 그런 상품은 차라리 공식몰에서 가격 혜택을 주는 방식으로 판매하는 것도 방법이다. 니즈가 분명한 상품을 미끼로 해 고객들을 공식몰로 유입시킬 수 있기 때문이다.

궁극적으로는 상품과 추가 제공되는 서비스를 차별화해 상시와 행사 매출의 밸런스를 유지하는 것이 중요하다. 행사 매출에 대한 의존도가 한번 높아지고 나면 다시 원래대로 돌아가기가 쉽지 않음을 명심하자. 장기적으로는 행사 매출보다 상시 매출에 대한 비중을 늘려가는 것이 브랜드가 목표로 삼아야 할 부분이다.

PART 4

가장 효과적인
온라인
마케팅
방법 찾기

마케팅에도
변화가
일어나고 있다

디지털 환경의 도래로 오늘날 삶의 방식은 급격하게 변화하고 있다. 우리의 일상 생활을 가만히 떠올려보면 이러한 변화를 쉽게 체감할 수 있다. 언제부턴가 스마트폰이 없는 삶은 상상하기 힘들어진 것처럼 말이다. 이러한 시대적 변화에 따라 사람들이 브랜드 또는 상품의 정보를 접하는 방식도 달라졌다. 이런 상황에 우리가 상품을 준비하고 판매하는 활동을 예전과 같은 방식으로 고수한다면, 과연 브랜드를 원활히 운영해갈 수 있을까? 그렇지 못할 것이다. 브랜드를 이용하는 고객 자체가 변화했기 때문에 디지털 환경에 맞는 마케팅을 하지 않으면 고객에게 다가가지도 사랑받지도 못하는 브랜드로 시장에서 없어지고 말 것이다. 실제로 업계 사람들과 마케팅에 관해 이야기를 나누면 '요즘 누가 오프라인 매체에서 마케팅을 하느냐'는 말을 많이 한다. 마케팅 진행에 있어서도 오프라인보다는 온라인에 더 큰 비중을 두며 조직을 운영하고 인력을 충원하는 추세다. 그래서 이 장에서는 디지털 전환의 시대, 마케팅에 큰 영향을 미치는 다섯 가지 화두에 대해 이야기하고자 한다.

고객 접점의 변화

마케팅은 고객이 있어야 가능한 활동이다. 기본적으로 마케팅이란 브랜드가 고객에게 해당 상품과 서비스가 왜 필요한지, 그들에게 어떤 혜택을 줄 수 있는지 설명하여 고객의 마음을 움직이기 위한 활동이다. 그런 맥락에서 브랜드는 고객이 브랜드를 접하는 방식과 행태가 변화하는 것을 받아들이고 민첩하게 대응해야 한다.

과거에는 소비자와의 커뮤니케이션이 일방적이었다면 요즘은 쌍방향으로 이뤄진다. 단순히 브랜드가 고객에게 상품 정보를 제공하는 것에서 나아가 소비자들로부터 피드백을 받기도 한다. 자유롭게 브랜드에 대해 논하고 평가하는 분위기가 형성되면서 소비자들끼리 디지털 공간, 소위 말하는 커뮤니티에서 브랜드와 상품에 대한 정보를 교환하는 일이 자연스러워졌다. 교환을 넘어 상품을 이용하는 모습을 콘텐츠로 자랑하고 그런 것들을 보면서 힌트를 얻고 구매하는 모습도 많아졌다.

소비자가 브랜드를 경험하는 방식에도 변화가 생겼다. 오프라인 중심의 판매 구조에서 소비자는 전통적인 매체를 통해 브랜드를 인지했고, 오프라인 매장에 가서 상품 자체를 직접 만지면서 브랜드를 경험한 후 구매를 결정했다. 하지만 지금은 직접 움직이지 않아도 온라인상에서 다양한 브랜드를 경험할 수 있다. 다른 소비자들이 올린 다양한 상품 후기 및 브랜드 평가를 통해 브랜드를 간접적으로 경험하고 구매를 결정하는 것이다. 기본적인 상품 정보는 각종 온라인 커머스 플랫폼과 브랜드 공식몰에 올라온 상세페이지에서 얻고, 추가적인 정보는 유튜브, 인스타그램에 올라온 다양한 형태의 콘텐츠를 통해 얻는 식이다. 이 밖에 주목해야 할 고객 접점의 변화는 소비자들이 상품과 브랜드를 탐색하는 행위를 들 수 있다.

이런 변화를 인지하고 브랜드를 경험하는 고객 여정의 단계에 맞는 커뮤니케이션을 진행하는 것, 나아가 고객의 마음을 움직이는 것이 우리가 마케팅에서 알아야 할 첫 번째 화두다.

고객 데이터 활용의 중요성 대두

디지털 기술이 급속히 발전하면서 다양하고 폭넓은 데이터를 수집하고 처리할 수 있게 됐다. 고객에 대한 데이터도 마찬가지다. 우리는 데이터를 통해 과거보다 더 세밀하게 타깃을 설정하고, 구매 패턴을 분석해, 고객 니즈를 더 정확히 만족시킬 힘을 얻게 되었다. 최근 마케팅의 성패는 고객 데이터를 어떻게 분석하고 활용하는지에 달려 있다고 해도 과언이 아니다. 이러한 변화에 따라 최근에는 고객 데이터를 기반으로 광고 성과를 측정하고 운영하는 '퍼포먼스 마케팅'이라는 영역이 새로 생겨나기도 했다.

가장 단적인 사례가 애플의 개인정보 보호 강화 조치 차원에서의 정책을 들 수 있다. 얼마 전 애플이 iOS 14 버전부터 앱 데이터 수집을 사용자가 스스로 관리할 수 있게 하겠다고 선언하여 모바일 마케팅 환경에 큰 지각 변동을 예고했다. 이 조치에 대해 페이스북은 개인 맞춤 광고를 활용해 마케팅 예산을 효율적으로 운용하는 중소기업에게 큰 타격을 줄 것이라고 주장했다. 한 기업의 데이터 수집 정책이 기업을 넘어 각 산업에 큰 영향을 끼칠 수 있다는 사실만으로 지금 시대에 데이터가 얼마나 중요한지를 알 수 있다.

개인화에서 초개인화로

최근 마케팅은 '개인화'를 뛰어넘어 '초개인화'로 진화하고 있다. 과거의 마케팅은 최대한 많은 사람들에게 상품과 브랜드에 대한 정

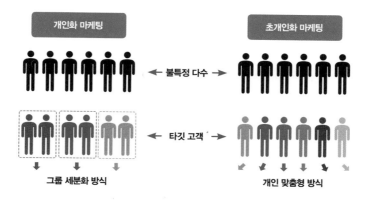

초개인화 마케팅 변화

보를 전달하고, 상품과 브랜드가 고객 니즈와 운 좋게 맞아떨어지길 기대하는 식으로 이뤄졌다면 개인화 마케팅은 연령, 성별, 거주지 등과 같은 개인별 데이터를 활용해 더 세밀한 타깃을 설정하고, 설정한 타깃 니즈에 맞춰 정보와 메시지를 전하는 방식이다. 이에 더 나아간 초개인화 마케팅은 실시간으로 소비자의 상황과 맥락을 파악하고 고객 니즈를 예측해 상품 정보를 제공한다. 결국 개인화와 초개인화 마케팅의 개념 차이는 불특정 다수에서 일정 기준으로 분류한 '특정 집단'을 대상으로 하느냐 '개인'을 대상으로 하느냐에 있다고 보면 된다.

초개인화 마케팅을 실시하고 있는 대표적인 곳들이 아마존, 구글, 넷플릭스다. 이들은 AI와 머신러닝을 통해 사용자가 관심 있을 법한 또는 선호하는 콘텐츠를 추천하는 고도화 전략을 펼치고 있다. 사용자가 그러한 추천에 만족하느냐 아니냐에 따라 마케팅의 성패가 결정되기 때문에 이들은 개별 사용자가 직접 등급·순위를 매기거나 피드백하면서 제공하는 정보에 귀 기울이고, 이 정보를 더 고도화하여 다시 마케팅에 활용한다. 구체적으로는 사용자가 어떤 관심사를 가진 사람인지, 구매한 이력이 있다면 어떤 상품을 샀는지, 얼마나 페이지에 머물러 있었는지, 상품을 장바구니에 넣고 구매 결정까지 얼마나 망설였는지 등 활동 데이터를 수집하고 파악한다. 그리고 이 데이터를 통해 구매 결정을 보다 빠르게 하려면 어떻게 해야 하는지, 어느 시점에 어떤 메시지를 제공해야 하는지 등에 활용한다.

신규 매체의 등장

미국의 컨설팅업체 칸타KANTAR는 글로벌 광고 시장을 분석한 2019년 보고서에서 디지털 매체의 광고비가 광고 시장을 견인하는 반면, 전통적인 매체의 광고비는 유지 또는 감소할 것으로 전망했다. 더 구체적으로는 온라인 동영상 광고가 84퍼센트, SNS 광고가 70퍼센트, DA가 52퍼센트 성장할 것이라고 내다봤다. 국내 광고 시장도 이와 다르지 않다. 조사에 따르면 2021년 국내 광고 시장은 12조 4,000억 원 규모, 그중 디지털 광고비가 약 6조 원, 전년 대비

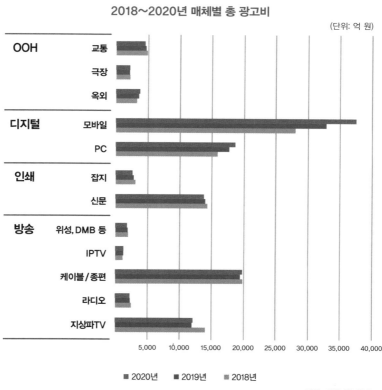

2018~2020년 매체별 총 광고비

(단위: 억 원)

OOH	교통	
	극장	
	옥외	
디지털	모바일	
	PC	
인쇄	잡지	
	신문	
방송	위성, DMB 등	
	IPTV	
	케이블/종편	
	라디오	
	지상파TV	

5,000 10,000 15,000 20,000 25,000 30,000 35,000 40,000

■ 2020년 ■ 2019년 ■ 2018년

자료: 제일기획 집계

13퍼센트 성장할 것으로 예측됐다(더불어 코로나19의 영향으로 비대면 마케팅이 더욱더 확대되고 미디어 커머스 시장이 커지면서 PC보다 모바일 광고 시장이 성장하리라 전망되고 있다).

실제로 영화관보다는 넷플릭스에서 영화를 시청하고, 공중파 프로그램도 TV가 아닌 스마트폰으로 보는 사람이 많아지는 등 디지털 매체의 선호도가 점점 더 높아지고 있다. 이에 온라인 마케팅 방식 중에서도 신규 매체를 활용하는 비율이 점점 느는 추세다. TV 방송을 시청하는 비율도 많이 줄면서 SMR Smart Media Representative 이나 네이버TV 형태의 광고 구좌를 많이 활용하는 편이다. 여기서 SMR은 네이버, 카카오, 유튜브, 곰TV, 티빙 등과 같은 플랫폼에서 사용자가 콘텐츠 시청을 누르면 그 전에 나오는 영상 광고를 뜻한다. 네이버TV 광고 구좌는 네이버 VOD 플랫폼에서 콘텐츠 시청 전에 송출되는 영상 광고를 말한다. 이러한 영상 광고는 최초 3초 내 사용자의 관심을 끌지 못하면 스킵 즉, 건너뛰기를 당하는 특성을 지녔다. 이런 환경에서 소비자의 관심을 유지시키기 위해 온라인 매체에 맞는 스토리텔링과 편집 기술이 요구되고 있다.

미디어 역할을 하는 인플루언서

마지막으로 주목해야 할 화두는 바로 인플루언서를 통한 마케팅이다. 인플루언서 마케팅 시장 역시 지속적으로 성장하리라 전망된다. 인플루언서는 그 자체가 하나의 미디어 역할을 하다 보니 인플루언서가 상품 또는 브랜드에 대해 언급하거나 제휴 상품을 개발하는 등의 방식으로 마케팅이 이뤄진다.

인플루언서의 활용은 브랜딩뿐만 아니라 플랫폼 내 구매까지 이어질 수 있기 때문에 퍼포먼스 효과가 꽤 큰 편이다. 그러나 예산 부분에서 쉽게 접근하기 어렵다는 단점이 있다. 인플루언서의 팔로워수, 구독자 수, 조회 수에 따라 금액이 천차만별이기 때문이다. 터무니없이 높은 금액을 주고 광고를 진행했는데 그만큼 효과가 없는 경우도 있기에 비용 대비 효과를 잘 고려해봐야 한다.

인플루언서를 활용할 때는 구독자 또는 조회하는 사람들의 특성에 대한 명확한 검토가 필요하다. 위에 언급된 팔로워 또는 구독자 수는 가장 기본적으로 판단할 수 있는 지표이고 팬덤들의 성향으로 우리 브랜드에 대한 관심도가 있을 법한 타깃을 가늠할 수 있기 때문이다. 연령이나 성별 등을 통해 1차적으로 구분해보고 관심사나 구매에 대한 니즈가 맞는지 확인한 후 진행해보기를 권한다.

인플루언서 마케팅은 일반적으로 단순 노출 방식과 콘텐츠를 만들어 진행하는 방식으로 나눠 볼 수 있다. 단순 노출 방식은 인플루언서의 자체 콘텐츠에 브랜드 제품이 자연스럽게 나오거나 언급되는 경우다. TV 방송의 PPL을 생각하면 쉽다. 최근 활성화된 라이브 방송에서 이 같은 PPL 노출이 많이 이루어지는 편이다. 콘텐츠를 만들어 진행하는 방식은 인플루언서의 성향, 특징, 개성에 맞춰 상품 또는 브랜드를 재해석한 콘텐츠를 제작하는 것을 말한다. 어떤 방식으로 진행하든 인플루언서가 인위적으로 상품을 홍보한다면 역효과가 나기 때문에 브랜드의 톤앤매너와 인플루언서가 얼마나 잘 맞는지 세밀한 검토가 필요하다.

최근 인플루언서의 영향력이 커지고 마케팅으로 활용되는 사례가 많아지면서 이를 규제하는 정책과 기준에 대한 이야기도 많이 거론되고 있다. 이러한 규제에는 어긋나지 않게 상업적 광고 표시 지침에 주의하길 바란다.

신규 매체의
등장으로 변화된
마케팅 개념

브랜드 관점에서 활용 가능한 매체가 많아지면서 마케팅 전략에
도 큰 변화가 일어났다. 구체적으로 활용 가능한 마케팅 방법들을
이야기하기 전에 미리 알아둬야 할 마케팅 전략에 대해 살펴보자.
오프라인 중심의 비즈니스 때부터 이어져온 마케팅 전략에 관한 개
념들도 많다. 또 전체적인 전략 틀 안에서 그 개념이 디지털 시대에
맞춰 재탄생하거나 새로운 요소들이 추가된 것도 있다.

마케팅 커뮤니케이션 전략

브랜드가 소비자와 소통하는 방식에 대해 먼저 생각해보자. 과거에 취했던 커뮤니케이션 전략은 어떤 목적으로 하느냐에 따라 크게 두 가지로 설명된다. 하나는 고객에게 브랜드와 상품에 관한 정보와 메시지를 전달하기 위한 방식, 다른 하나는 소비자와 직접적으로 소통하고 소비자를 브랜드 경험에 참여시키는 방식이다.

ATL Above The Line과 BTL Below The Line이라는 용어는 마케팅 영역에 종사하고 있는 사람이라면 누구나 한 번쯤 들어봤을 것이다. ATL은 4대 매체 즉, 신문, TV, 잡지, 라디오를 이용하여 광고를 집행하여 커뮤니케이션하는 것을 말한다. 최근에는 인터넷, 케이블 TV 등의 뉴미디어까지 포함하기도 한다. 상반된 개념인 BTL은 미디어를 사용하지 않는 대면 커뮤니케이션 활동으로 이벤트, 전시, 스폰서십, PPL Product Placement, CRM Customer Relationship Management, PRM Partner Relationship Management 등의 활동을 총칭하는 말이다. ATL은 고객에게 브랜드와 상품에 관한 정보를 전달하고, 브랜드의 인지도나 가시도를 높이는 데 효과적인 수단이다. 반면 BTL은 소비자와 직접 소통하고 소비자를 브랜드 경험에 참여시켜서 그들의 태도나 행동 즉, 브랜드 선호도, 호감도, 충성도를 높이는 데 효과적이다.

대부분의 산업에서는 여전히 ATL의 영향력과 기대 효과가 크다고 판단하기 때문에 많은 비용을 투입해서라도 ATL을 중요한 마케

ATL, BTL, TTL 개념

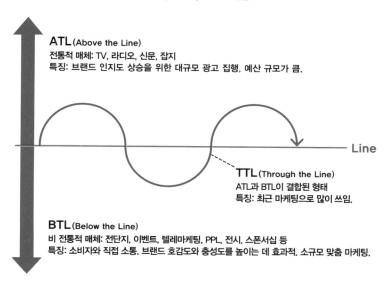

ATL(Above the Line)
전통적 매체: TV, 라디오, 신문, 잡지
특징: 브랜드 인지도 상승을 위한 대규모 광고 집행, 예산 규모가 큼.

Line

TTL(Through the Line)
ATL과 BTL이 결합된 형태
특징: 최근 마케팅으로 많이 쓰임.

BTL(Below the Line)
비 전통적 매체: 전단지, 이벤트, 텔레마케팅, PPL, 전시, 스폰서십 등
특징: 소비자와 직접 소통. 브랜드 호감도와 충성도를 높이는 데 효과적. 소규모 맞춤 마케팅.

팅 수단으로 활용하는 편이다. TV 광고가 여전히 소비자들에게 강한 신뢰감을 심어주는 방식이기 때문으로 보인다. 동시에 규모 있는 브랜드라는 인식을 심어주고 인지도 확보에도 여전히 효과적이라는 여론도 존재한다. 매스미디어의 중요성이 감소하면서 상대적으로 BTL의 중요성이 커지는 사례도 있다. 매출 규모가 작은 브랜드는 비용이 크게 소요되는 ATL보다는 BTL로 시작한다. 또는 ATL에서 큰 효과를 보지 못한 기업은 BTL을 통해 이미지 변신과 커뮤니케이션 효과를 제고할 수 있다. 또는 ATL을 베이스로 하고 BTL로 보완하여 광고의 효과를 극대화하는 기업도 있다. 타깃 고객이

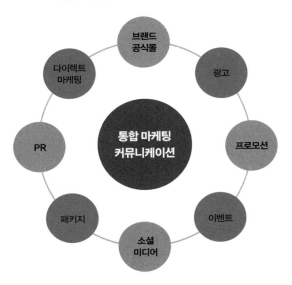

통합 마케팅 커뮤니케이션(IMC) 구조

분명하고 일반적이지 않은 사업(대표적으로 B2B)은 BTL이 절대적으로 고려되는 편이다.

온라인 환경에서 브랜드를 운영할 때는 어떨까? 다양한 매체를 활용해 고객과 커뮤니케이션 한다는 점에서 점차 ATL과 BTL의 경계가 모호해지는 상황이다. ATL과 BTL에 속하는 방식들을 조화롭게 융합하여 활용하는 TTL Through The Line 이라는 개념이 새롭게 등장하기도 했다. TTL은 360도 마케팅 기법이라고도 부르는데 ATL 용으로 광고를 만들어 온라인 매체의 광고 구좌에 노출하거나 BTL의 광고 구좌인 검색엔진 메인배너에 ATL 성격의 콘텐츠를 노출시키는 것이 대표적인 사례라고 할 수 있다. 결국 마케팅 커뮤니케이션에 있어 어떤 매체를 활용할 것인가 하는 선택보다는 커뮤니케이션의 목적에 따라 ATL과 BTL을 적절히 융합한 TTL 방식의 활용이 중요하다.

이렇게 융합 형태로 마케팅 방식을 선정하는 것도 중요하지만, 고객과 커뮤니케이션한다는 점에서 '통합 마케팅 커뮤니케이션IMC, Integrated Marketing Communication 전략'(이하 IMC 전략)도 중요하게 여겨지고 있다. 통합 마케팅 커뮤니케이션은 브랜드에 대한 일관되고 설득력 있는 메시지를 고객과 만날 수 있는 여러 가지 접점 또는 채널에 통합적으로 커뮤니케이션하는 방법을 말한다. 어느 매체 또는 접점이든 기간에 한정을 둔 캠페인을 진행할 때는 캠페인 기간에 커뮤니케이션하는 모든 메시지가 고객에게 일관성 있게 도달하는 것이 중요하다. 다양한 매체를 통해 마케팅을 통합적으로 진행했을 때 개별적으로 소통하는 것에 비해 고객을 움직이는 커뮤니케이션의 힘은 훨씬 강해질 것이다.

트리플 미디어 전략

앞에 이야기한 ATL, BTL과 TTL은 매체 속성에 따른 분류였다. 그리고 IMC 전략은 고객과의 커뮤니케이션 과정에서 통합적으로 매체를 운영하여 일관된 메시지로 소통하는 전략을 의미했다. 마케팅 운영에 있어 알아두어야 할 두 번째 전략은 바로 트리플 미디어 전략Triple Media Strategy이다. 트리플 미디어 전략은 고객의 브랜드 경험 여정 중 각 단계에서 전개되는 마케팅의 운영 주체가 누구인지에 따른 분류라고 할 수 있다.

먼저 트리플 미디어란 페이드 미디어Paid Media, 온드 미디어Owned Media, 언드 미디어Earned Media 이 세 가지를 뜻한다. 페이드 미디어는 브랜드가 단어 그대로 비용을 지불pay하고 얻는 미디어를 말한다. 전통적인 광고를 포함해 온라인 마케팅 전부를 의미한다고 보면 된다. 오프라인과 온라인 마케팅의 경계나 ATL과 BTL의 개념을 넘어 단순히 돈을 지급해서 운영하는 매체를 모두 포괄한다. 온드 미디어는 브랜드가 소유owned하고 있는 미디어를 뜻한다. 브랜드가 소유하고 운영하는 공식몰, 브랜드 블로그를 포함한 그 외 SNS 채널들이다. 오프라인 비즈니스 브랜드의 경우는 매장도 여기에 해당된다. 온드 미디어는 브랜드가 운영 주체이기 때문에 관리가 용이하다는 장점이 있다. 마지막으로 언드 미디어는 온라인 바이럴이 일어나는 개인 블로그와 같은 개인의 소셜 미디어들을 말한다. 소비자나 언론이 쓰는 분석 기사, 댓글이나 사용 후기 등도 이에 해당한다. 언드 미디어는 온드 미디어와는 다르게 브랜드 관점에서 주체적으로 운영·관리하기가 어렵다. 페이드 미디어를 통해 브랜드를 인지하고, 온드 미디어를 통해 브랜드를 경험하게 된 고객들

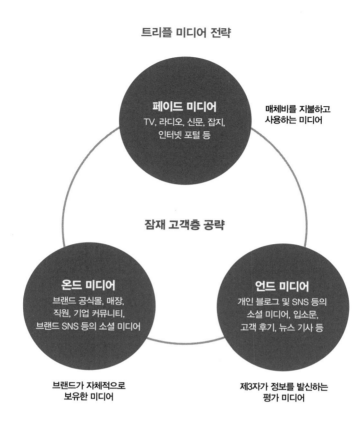

트리플 미디어 전략

페이드 미디어
TV, 라디오, 신문, 잡지,
인터넷 포털 등

매체비를 지불하고
사용하는 미디어

잠재 고객층 공략

온드 미디어
브랜드 공식몰, 매장,
직원, 기업 커뮤니티,
브랜드 SNS 등의 소셜 미디어

브랜드가 자체적으로
보유한 미디어

언드 미디어
개인 블로그 및 SNS 등의
소셜 미디어, 입소문,
고객 후기, 뉴스 기사 등

제3자가 정보를 발신하는
평가 미디어

이 그 후기를 브랜드 관련 콘텐츠로 다시 재생산하는 형태로 이뤄지기 때문이다.

트리플 미디어 전략의 핵심은 이 세 가지 미디어가 브랜드 관점에서 통합적으로 운영되어야 한다는 것이다. 위 그림에서 볼 수 있는 것처럼 페이드 미디어를 통해 잠재 고객을 충성 고객의 접점인 언드 미디어 쪽으로 이끌어 매출 확대를 이루고, 그렇게 형성된 충성 고객이 다시 온드 미디어를 이끌도록 하는 '순환 고리'를 만들어야 한다.

브랜드 마케팅 vs. 퍼포먼스 마케팅

브랜드 마케팅과 퍼포먼스 마케팅은 디지털 환경이 변화함에 따라 많이 언급되는 표현인데, 그 경계가 다소 모호해 구분을 어려워하는 사람도 있다. 쉽게 이야기하자면 장기적인 성과 즉, '브랜드를 세우기(브랜딩)' 위한 마케팅인지, 매출, 점유율과 같은 측정되는 단기적인 퍼포먼스를 위한 마케팅인지로 구분할 수 있다.

브랜드 마케팅은 퍼포먼스 마케팅에 비해 매출과 같은 단기적 성과를 만드는 데는 다소 적합하지 않지만 소비자에게 브랜드를 인지시키거나 브랜드에 대한 관심을 불러일으키기 위해서는 꼭 필요하다. 소비자의 머릿속에 브랜드를 자리 잡게 만드는 것이다. 퍼포먼스 마케팅은 온라인 광고 매체가 다양해지면서 최근 많이 활용되고 있다. 아무래도 온라인 채널을 통한 마케팅은 명확하게 그 효과를 수치로 측정할 수 있고 나아가 매출 등 성과 달성을 위한 투자 여부를 판단하는 데 용이하기 때문이다. 이에 최근 퍼포먼스 마케터 인력에 대한 니즈가 많아졌다.

하지만 당장 성과 측정이 가능한 마케팅만 하는 게 과연 장기적인 관점에서 효과적인지는 미지수다. 브랜드를 장기적으로 운영하고자 한다면, 단기적인 퍼포먼스 외에도 사람들에게 오래 인식되는 브랜드로 자리 잡기 위한 고민이 필요하다. 그렇기 때문에 장단기 목표에 따라 양쪽 영역 마케팅의 적절한 밸런스를 설정해야 한다. 이것은 마케팅 관련 전체 예산을 기준으로 그 비중을 각각 얼마큼 가져갈지 정하는 데서 시작한다(물론 운영하면서도 그 비중은 언제든지 조정할 수 있다). 상대적으로 브랜드 마케팅 예산이 퍼포먼스 마케팅에 비해 다소 적은 규모의 예산으로 책정되곤 한다.

비용 대비 효과가 즉각적인 것만이 브랜드의 지속성을 보장해 주지 않고, 목적에 따라 그 효과 측정도 달라져야 하기 때문에 무엇이 정답이라고 말할 수는 없다. 다만 브랜드의 방향성과 운영 단계를 고려해 논의되어야 한다고 본다. 브랜드 운영 초기 시점인지, 브랜드 운영이 어느 정도 궤도에 올라온 시점인지에 따라 달라지거나 또는 확보된 잠재 고객의 비중에 따라, 또는 신규 고객의 유입이 목적인지, 고객의 재방문을 목적으로 하는 것인지에 따라 다르게 설정해야 한다.

퍼널 구조를 고려한 마케팅 전략 수립

온라인 광고의 핵심은 고객의 구매 여정 중 어떤 단계에 어떠한

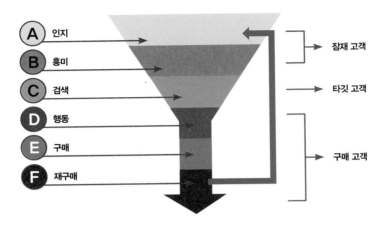

구매 퍼널 구조

방식으로 마케팅을 하는지다. 고객이 제품을 구매할 때는 크게 인지-흥미-검색-행동-구매-재구매 단계를 거치는데, 소비자가 필요를 인지하고 구매라는 결정을 하기까지 과정을 제대로 알고 마케팅을 운영·관리하는 것을 마케팅 퍼널Marketing Funnel 혹은 마케팅 깔때기라고 부른다. 브랜드를 인지하고 브랜드에 흥미를 느끼고, 상품을 검색하고 구매에 이르기까지의 각 단계들이 시각적으로 점점 좁아지는 모양새를 띠기 때문에 이러한 이름이 붙었다.

브랜드가 상품을 광고할 때 불특정 다수에게 무조건 광고를 노출한다고 해서 성과가 나는 것은 아니다. 고객의 욕구와 구매 프로세스를 고려하여 집행했을 때 구매라는 성과가 나올 수 있다. 마케팅 퍼널은 어느 시점에, 어떤 광고 채널에서, 누구를 대상으로 마케팅을 진행할지 결정하는 데 매우 중요한 전략이다.

　퍼널 구조에 따라 고객을 크게 세 가지로 분류할 수 있다. 브랜드를 막 인지하고 흥미를 느끼는 '잠재 고객', 브랜드에 대한 흥미를 갖고 자발적으로 검색하는 '타깃 고객', 정보 검색 후 상품을 구매하는 '구매 고객'이다. 퍼널 구조를 고려해 마케팅 전략을 세울 때는 잠재 고객을 어떤 방법으로 유입시킬지, 유입시켰다면 어떻게 타깃 고객으로 넘어가게 할 것인지, 타깃 고객의 구매 유도를 어떻게 할 것인지, 구매 고객의 재구매를 일으켜 어떻게 충성 고객으로 만들 것인지, 그 외 구매 단계에서 이탈하지 않게 하는 방법으로는 뭐가 있을지를 단계별로 고려한다.

　브랜드 인지 단계를 마케팅 퍼널의 최상단(Top of Funnel 혹은 Upper Funnel)이라고 표현을 한다. 고객에게 브랜드를 인지시키는 단계에서는 일반적으로 검색엔진 내 메인 또는 서브배너, 디지털 광고와 유튜브 및 SNS 채널 등을 활용한다. 만약 고객이 브랜드를 인지하게 되면 브랜드에 대한 관심을 갖고 상품에 대한 구매 고려를 하기 시작하는데 이 단계를 미드 퍼널Mid Funnel이라고 지칭한다. 이때는 주로 검색광고, 쇼핑 검색광고, 네트워크DA와 SNS를 많이 활용하는 편이다. 마지막 단계인 퍼널의 최하단Bottom Funnel에서는 브랜드 키워드, 검색광고 또는 리타기팅 DA 기법을 많이 활용한다. 여기서 검색광고는 검색엔진 내의 검색순위 광고, 키워드 광고 및 파워링크 형태의 구좌를 말한다. 통상적으로 대행사를 통해서 경쟁 입찰가 방식으로 광고 순위 조절이 필요한 구좌다. DA 파트의 경우는 검색 사이트, 모바일 앱이나 온라인 기사 등에 노출되는 배너 타입의 광고라고 생각하면 된다.

이렇게 인지부터 구매까지의 단계에 따라 마케팅에 차이를 두어야 원하는 고객 유치와 매출이 일어날 수 있다. 만약 고객이 '인지' 단계에 있는데 계속 배너 광고만 노출된다고 해보자. 고객 입장에서는 아마 계속 나오는 광고에 짜증이 날 수도 있다. 광고가 오히려 역효과를 일으키는 것이다. 하지만 이러한 단계를 거쳐 구매까지 오는 고객이 전체 3퍼센트 정도나 차지한다고 한다. 3퍼센트를 확보하기 위해 전략적인 프로세스에 따라 예산 투자를 하지 않는다면 비용 낭비만 하게 될 것이다. 대표적인 리타기팅 방식인 네트워크 배너 광고 종류에는 GDNGoogle Display Network, 크리테오, 카카오 디스플레이 광고나 타기팅게이츠 등이 있다. 잠재 고객이 브랜드를 검색하거나 브랜드 웹사이트에 방문을 하고 나면 사용자의 쿠키 정보가 저장되어 연계된 사이트로 이동했을 때 배너가 노출되게 하는 방식이다. 우리가 인터넷 기사를 읽을 때 중간이나 옆에 나오는 배너 광고가 모두 이에 속한다. GDN 광고는 국내외 수백만 개 이상의 웹사이트, 언론사, 블로그, 지메일, 유튜브 등에 노출되는 광고로 가장 많은 지면을 가지고 있어 구글 애널리틱스와 연계해서 활용하면 효과가 좋다. 모두가 네트워크 배너지만 해외와 국내 매체 형태로 나뉘기도 하고 타깃팅, 노출되는 형태 또는 과금 방식 등에서 차이가 있다.

활용할 수 있는
다양한
마케팅 도구

이번에는 앞서 설명한 전략을 토대로 실제로 활용할 수 있는 마케팅 활동들에 대해 이야기해보려 한다. 구체적으로는 '온라인 광고'라는 영역에서 브랜드가 취할 수 있는 다양한 광고들을 살펴보도록 하자.

변화한 브랜딩 방식

브랜드 마케팅은 단기적인 관점이 아닌 장기적인 관점에서 실행하는 마케팅 방식이다. 고객의 행동을 바로 불러일으키는 '푸시Push 마케팅'과는 다른 '풀Pull 마케팅' 성향을 지니고 있다. 바로 구매를 유도한다기보다는 잠재 고객에게 좋은 브랜드 이미지를 심어주는 것이 목적이다.

과거의 브랜드 마케팅이라면 보통 ATL 방식을 떠올렸다. 여전히 그렇게 하는 브랜드들도 있지만 요즘은 디지털 중심의 브랜드 마케팅을 하는 곳들이 많아졌다. TV를 중심으로 광고를 집행하기보다는 디지털 매체를 중심에 두는 것이다. 송출 매체만 달라졌을 뿐, 디지털 매체에서 브랜드 마케팅을 할 때도 ATL상의 브랜드 마케팅과 비슷한 과정을 거친다. 여러 대행사를 대상으로 비딩을 실시하고, 대행사를 선정한 후 브랜드에 대한 콘텐츠(광고 영상)를 준비한다. 다만 콘텐츠가 ATL보다 SMR이나 유튜브 등의 디지털 매체에 맞는 콘셉트로 진행하게 된다.

이런 콘텐츠 광고를 집행하면서 옥외광고OOH, Out of Home를 동시에 하는 경우도 많다. 여기서 옥외광고는 버스 정류장, 지하철이나 버스 광고 등의 교통시설물 광고, 쇼핑몰 또는 영화관 시설 등의 엔터테인먼트 미디어에서 진행되는 광고를 말한다. 온라인과 오프라인 모두에서 브랜드에 대한 인지도를 높이기 위한 장치라 볼 수 있다. 이전에는 옥외광고가 주로 이미지에 국한된 형태였는데 최근에는 영상 형태로도 이뤄지고 있어 메인 미디어와 함께 통합 커뮤니케이션이 가능해졌다. 일정 기간을 두고 브랜딩을 위한 커뮤니케이션을 꾸준히 하면 자연적으로 브랜드를 찾는 사람들이 생겨나고 결과적으로 고객 유입이 늘어날 수 있다. 이러한 방문자들이 앞서 설명한 '오가닉 유저'다. 유료 광고를 통하지 않고 순수하게 검색엔진을 통해 바로 유입되거나 도메인을 통해 유입되는 사람들을 말한다. 또 이러한 방문자는 브랜드 입장에서 많은 잠재 고객이 있다는 사실을 입증해주는 표시이기도 한다. 만약 오가닉 유저에 대한 수치가 떨어지고 있다면 광고가 적절한 방향으로 운영되고 있는지 점검해봐야 한다. 오가닉 유저를 포함하여 브랜드 사이트를 방문하는 전체 사람의 수치를 말하는 UVUnique Visitors는 항상 트래킹이 필요하다. 이는 한 명이 하루에 여러 번 사이트를 방문하더라도 중복을 제외한 방문자 수를 가르킨다.

다양한 디지털 광고 구좌

전통적인 매체의 역할을 대체하는 디지털 매체도 등장했다. TV CF 또는 옥외광고와 같은 역할을 하는 디지털 광고로는 '네이버 스페셜 DA(네이버 첫 화면 상단에 고정 노출되는 광고 상품)'나 '유튜브 마스터 헤드(유튜브를 실행했을 때 첫 화면에 무조건적으로 노출되는 광고 상품)' 같은 것들이 있다. 이미지 또는 영상 콘텐츠를 통해 브랜드를 노출하는 방식이다. 이 구좌들은 시간대별 예상 노출량을 제공해주면서 시간별·기간별로 판매하는 CPT Cost Per Time 또는 CPP Cost Per Period 과금 방식을 따른다. 과금 방식의 종류는 다양해도 노출당 효율을 분석해야만 광고를 계속 집행할지 여부를 결정할 수 있기 때문에 CPM으로 환산해서 비교해 판단하는 경우가 많다. CPM은 'Cost Per Mile'의 약자로 클릭이 아닌 노출을 기준으로 과금된다. 쉽게 말해 1,000번 노출될 때마다 광고비가 지급되는 방식이라고 생각하면 된다.

네이버 타임보드의 경우는 요일 또는 시간대에 따라 가격 차이가 많이 나지만, 기본적으로 대표 검색엔진의 전광판 같은 영역에 광고를 하는 것이라 그 비용이 시간당 몇천만 원이 되기도 한다. 그만큼 높은 트래픽을 기대되는 광고 상품이지만 여기서 의미 있는 주목을 끌지 못하면 몇천만 원을 그냥 날리기 쉽다. 매출로 곧바로 성과가 나오지 않더라도 만약 화제를 불러일으키고 브랜드를 사람들에게 확실히 인지시켰다면 브랜딩의 효과를 봤다고 생각할 수 있다. 그런데 네이버 타임보드에서 진행한 광고 내용이 브랜드에 관련된 것이기보다는 할인 및 프로모션에 관련된 것이라면 당연히 클릭률, 매출 성과 등을 따져봐야 할 것이다.

유튜브에는 마스터헤드처럼 트래픽 노출이 보장되는 광고도 있지만 보고자 하는 동영상 앞, 뒤, 중간에 위치하는 광고도 있다. 몇 초 후 광고를 건너뛸 수 있는지에 따라 비용이 다르다. 이 외에도 광고가 실행될 때, 영상이 나오면서 동시에 앱 다운로드 페이지로 이동하는 방식의 광고 구조도 있다.

유튜브 영상 광고는 IMC 캠페인을 운영하면서 만든 콘텐츠, 메시지, 관련 소재를 바탕으로 진행하기도 하고, IMC 캠페인에 부합하지 않고 USP 전략에 맞게 콘텐츠를 직접 제작해 진행하기도 한다.

우리가 정말 많이 사용하는 카카오톡 내에도 광고 구좌가 있다. 채팅 리스트 최상단에 고정되어 있는 배너를 '카카오톡 비즈보드'라고 한다. 트래픽이 높은 편이고 클릭했을 때의 랜딩페이지를 다양하게 활용해볼 수 있다는 장점이 있는 광고다. 이 외에도 다양한 온라인 광고 구좌들이 있다.

SA와 DA

온라인 광고의 종류는 단순하게 SA Search Advertisement 와 DA Digital Advertisement 로 나눠서 생각할 수 있다. SA의 경우는 검색엔진 내에서 검색광고, 키워드 광고 및 파워링크 형태의 구좌를 말한다. 통상적으로 대행사를 통해서 경쟁 입찰가 방식으로 광고 순위 조절이 필요한 구좌다. 이 구좌의 경우는 CPC 과금 방식을 따른다. CPC는 'Cost Per Click'의 약자로 클릭을 할 때마다 비용이 나가는 방식이며 네이버 파워링크가 대표적인 사례라 할 수 있다. 경매 입찰 방식이라 경쟁률이 높을 때는 비용이 크게 올라갈 수 있기 때문에 모

SA와 DA의 예시

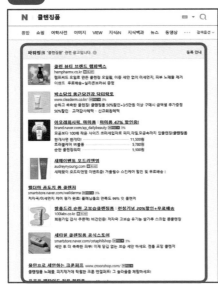

니터링하면서 조정해야 한다. 잠재 고객이 검색엔진을 통해 키워드 검색을 하면 자연적으로 상위권 순위에 있는 링크부터 손이 가기 나름이다. 참고로 구글의 검색 결과 위치에 따른 CTR_{Click Through Ratio}은 1위와 2위 사이에도 10퍼센트 이상의 차이를 보인다고 한다 (여기서 CTR은 클릭률을 말한다).

운영 측면에서의 과금 방식을 살펴봤으면 이제 운영 성과 측면에서 관련 개념들을 살펴보도록 하자. 'Click Through Ratio'의 약자인 CTR은 배너 하나가 노출됐을 때 클릭이 일어나는 횟수를 의미한다. [클릭률 = (클릭 수/노출 수) × 100]의 공식을 통해 산출된다. 노출된 광고에서 끝나는 것이 아니라 사용자가 클릭을 해야 다음 단계로 넘어가기 때문에 노출 이후 클릭률은 중요한 지표에 해당된다. CTR은 노출 상품 혹은 콘텐츠가 얼마나 매력적이었는지를 파악하는 척도라고 보면 된다.

DA는 검색 사이트, 모바일 앱이나 온라인 기사 지면 등에 노출되는 배너라고 생각하면 된다. DA는 CPM 과금 방식이 많은 편이다. CPM 방식은 지나치게 많이 노출이 되면 고객에게 오히려 역효과가 날 수도 있으니 이 부분에 유의해야 한다. 여러 번 강조하지만 마케팅은 인지부터 구매까지 고객 여정의 각 단계에 맞게 진행되어야 한다. 인지 단계에 있는 고객에게 계속 배너광고만 노출한다고 해보자. 그래서는 브랜드에 대한 나쁜 인상만 갖게 된다. 그러므로 신규 고객의 유입을 원하는지, 이탈한 고객의 재방문을 원하는지 그 목적에 따라 DA를 활용해야 한다.

온드 미디어에서의 마케팅

파트 3에서 브랜드 공식몰의 론칭과 운영을 이야기하면서 적립금이나 쿠폰을 지급하는 마케팅 방식에 대해 잠깐 언급했다. 브랜드 공식몰은 온드 미디어의 주요 채널로 여기서 진행 가능한 마케팅 활동이 많이 있다. 이에 대해 간단히 살펴보자.

브랜드마다 공식몰에서 롤링되는 메인배너 구좌를 활용하는 방식은 다 다르다. 전체 배너들을 판매 상품 중심으로 보여주는 곳들도 있는가 하면 할인이나 프로모션 소식 관련 내용으로만 채우는 곳들이 있다. 브랜드 마케팅과 퍼포먼스 마케팅의 밸런스를 고려해 두 가지 방식을 적절히 섞어서 운영하는 곳들도 있다. 메인배너 순서에 따라 클릭률이 다르기 때문에 배너 순서에 대한 조정은 어떤 것을 우선적으로 노출할 것인지 또는 매출 목표에 따라 배열하면 된다. 메인배너 또는 사이트 상단 부분은 공식몰의 전광판과 같은 영역이기에 브랜딩과 퍼포먼스를 모두 고려해 활용하도록 해야 한다. 참고로 방문자의 입장에서는 주기적으로 메인배너들을 변경해줘야 브랜드가 생기 있어 보이고 볼거리가 다양하다고 느낀다. 경험할 수 있는 콘텐츠가 다양하면 자연적으로 자주 방문할 수밖에 없다.

그런 맥락에서 메인배너의 콘텐츠를 다양화하길 추천한다. 퍼포먼스 측면만 고려해 단순하게 상품 중심의 콘텐츠 위주로 메인배너를 노출하는 경우가 있는데, 그보다는 브랜딩 측면을 고려한 메인배너도 만들어 노출·커뮤니케이션하는 것이다. 예를 들면 '브랜드가 하는 마케팅 활동'에 관한 콘텐츠가 될 수 있겠다. 진행하는 IMC 캠페인이 있다면 캠페인 메시지와 함께 커뮤니케이션하는 것도 해당될 수 있다. 그리고 주요 타깃이 관심 갖고 있는 브랜드와 제휴하여 기획한 고객 참여형 이벤트 관련 콘텐츠, 상품 사용에 도움이 되는 정보성 콘텐츠를 만들어서 제공하는 것들도 이에 관한 예가 될 수 있다. 이런 다양한 메인배너 콘텐츠는 브랜드의 관심을 높이는 데 도움이 된다. 다른 브랜드와의 콜라보레이션은 전략적 제휴 관계로 보통 상품 제작 단계에서의 제휴를 많이 떠올리는데, 함께 노출됐을 때 시너지가 나는 브랜드와 손을 잡고 마케팅·홍보 단계에서의 제휴도 의미가 있다. 고객 팬심을 강화하거나 새로운 브랜드 이미지를 느끼게 해주는 효과를 기대할 수 있기 때문이다. 이외에도 브랜드 경험을 하게 해줄 수 있는 콘텐츠라면 무엇이든 브랜딩에 도움이 된다. 고객들은 구매하는 상품뿐 아니라 브랜드가 제공하는 경험에서도 '왜 이 브랜드여야 하는가' 하는 선택 이유를 찾기 때문에 고객 충성도를 높이고 싶다면 온드 미디어에서 위와 같은 활동을 진행해보면 좋다.

또 자주 방문했을 때 회원 가입을 하지 않고 소위 '눈팅'만 하는 방문자에게 회원 가입을 하면 혜택을 제공하는 프로모션 관련 팝업을 띄운다든지, 결제 단계에서 장바구니에 담은 상품과 관련된 또 다른 상품을 노출하든지 하는 식으로 여러 마케팅 활동이 가능하다.

이렇게 공식몰 내에서도 자체적으로 브랜딩과 퍼포먼스를 위한 다양한 활동을 융합해서 운영해야 지속가능한 브랜드가 될 수 있다.

신규 고객의 유입을 위해서는

브랜드는 고객이 있어야 지속적으로 존재할 수 있다. 고객이 존재한다는 의미는 브랜드를 이용하고 상품을 구매하는 사람이 있다는 얘기다. 그리고 고객은 절대 자연적으로 생기지 않는다. 결국 신규 고객이 계속해서 유입되도록 해야 한다. 기존 고객이 있다면, 신규 유입 외에도 재방문 또는 재구매하는 방식에 대해 논할 수 있지만 초기에는 신규 유입이 가장 중요하다. 유입이 있어야 재구매도 일어나는 법이다. 신규 유입을 많이 발생시키기 위해서는 앞서 설명한 퍼널 구조의 첫 번째 단계인 인지 단계에서의 활동이 매우 중요하다. 단계를 거치면서 이탈하는 사람들을 생각하면 신규 유입의 모수가 많아야 하기 때문이다. 그리고 브랜드를 초기에 세팅하는 입장에서는 사실상 리타기팅은 중요하지 않다. 일단 신규 유입을 확보한 이후에 구매 전환율에 대한 부분을 보는 것이 순서다. 브랜드 운영 초기 단계가 아니라고 해도 지속적으로 신규 유입을 확보해놔야 매출을 높일 수 있다. 신규 유입 방식으로는 여러 가지 방법이 있지만, 여기서는 대표적인 네 가지 방법을 이야기하고자 한다.

네 가지 신규 유입 방식

첫 번째는 노출에 집중하는 네트워크 배너를 이용하는 방법이다. 모비온, GDN 같은 상품을 가리켜 네트워크 배너라고 한다. 인터넷 기사를 읽을 때 여기저기서 나오는 그 배너 광고 말이다. CPC 과금 방식을 취하기 때문에 사실상 클릭이 일어나지 않으면 비용이 많이 들지 않는다. 구매 전환보다는 신규 유입을 알리는 데 더 효과적인 매체라 할 수 있다. 그래서 신규 브랜드에게는 구매보다는 인지도를 높이기 위한 하나의 옵션으로 많이 활용된다.

두 번째 방식은 브랜딩 관점의 효과도 지녔다고 할 수 있는 대형 검색엔진 광고다. CPC 과금 방식은 아니고 시간당 비용을 지불한다. CPC 형식으로 변환해서 계산을 해본다면, 네트워크 배너에 비해 비용 차이는 거의 20배에 달한다. 하지만 교체 제한이 없기 때문에 최적화 과정을 통해서 성과가 높은 소재의 광고를 운영하면 효과적이다. 만약 구좌 운영을 두 시간 기준으로 한다면 30분 정도 한 가지 소재의 광고로 운영해보고 최적화 과정을 거친 후 CTR이 좋지 않으면 다른 소재의 광고로 교체해서 운영해보는 것을 추천한다. 보통 광고 소재는 신규 유입과 재구매, 각각을 분리해서 테스트를 해보는데, 통상적으로는 신규 유입에 관한 광고 소재의 효율성이 많이 떨어지는 편이다. 아무래도 브랜드를 인지한 상태에서 클릭을 하는 비율과 인지가 안 된 상태에서 클릭을 하는 비율은 차이가 나기 마련이다.

신규 유입을 위한 또 다른 방식은 앱 다운로드 캠페인이다. 앱에서 발생하는 매출이 전체의 80퍼센트까지 차지하는 브랜드들이 많아지면서 앱 설치를 유도하는 것은 매우 자연스러운 현상이 됐다. 소비자가 앱을 다운로드해서 마케팅 광고 수신 동의를 시작하면 광고 범위 안에 들어오는 타깃이 된다. 그래서 앱 다운로드 캠페인은 앱 다운로드 수를 KPI Key Performance Indicator로 설정하고 앱 다운로드를 하지 않은 사람들을 대상으로 광고 운영을 하면 된다. 앱을 다운로드했을 때 과금되는 방식이다 보니 언뜻 보면 금액이 크다고 느껴질 수 있지만 고객 한 명에게 앱을 다운받게 하기까지 인지부터 탐색 과정에 드는 마케팅 비용을 생각한다면 그리 비싼 편도 아니지 않을까 싶다. 페이스북이나 인스타그램을 통해서 앱 다운로드 캠페인 광고를 하기도 하고 유튜브의 영상 콘텐츠와 연계해 콘텐츠 시청 후 바로 다운로드로 유도할 수 있는 장치를 많이 활용하기도 한다. 영상 콘텐츠 광고 집행을 하면서 앱 다운로드를 유도하는 경우도 있고 반대로 앱 다운을 유도하기 위해 오히려 콘텐츠를 제작해 집행하는 경우도 있다. 다운로드 캠페인과 관련해서는 앱이나 프로그램이 설치된 기기 수에 따라 비용을 지불하는 CPI Cost Per Install라는 용어를 알아두면 좋다. 그 외에도 CPA Cost Per Action는 실질적인 행동 즉, 반응이 일어났을 때 비용을 지불하는 방식인데 그 행동이란 소비자의 회원 가입이나 앱 설치 등이다.

네 번째 방법은 콘텐츠나 서비스를 제공하는 앱 내의 광고 구좌를 활용하는 것이다. 과거에는 활성화가 많이 되지 않았던 구좌지만 타깃 트래픽이 높다는 장점이 있어 최근에는 많이 활용하는 방법이다. 개인화 마케팅 측면에서 타깃과 잘 매칭되면 의외로 좋은 효과를 거두곤 한다. 화장품 회사라면 화장품 리뷰를 쓰고 평점을 매기는 '화해'나 '글로우픽' 같은 앱 내부의 광고 구좌를 활용할 수 있을 것이다. 이처럼 제품의 종류와 앱에 가입한 회원의 니즈가 잘 매칭됐을 때는 높은 효과를 기대할 수 있다. 앱을 이용하는 목적과 부합하는 브랜드라면 진행해보기를 추천하지만 니즈가 부합하지 않으면 단순 유입으로만 성과가 그치는 경우가 많다.

키워드 확장이 중요하다

신규 유입을 위한 여러 가지 방법 중 가장 중요한 것 하나가 바로 '키워드'다. 어떤 상품에 대해 관심이 생기거나 구매 목적이 생겼을 때 사람들은 검색을 한다. 검색엔진을 이용하기도 하고 SNS 채널을 이용하기도 한다. 가장 적합한 브랜드 또는 상품을 고르기 위해 비교하고 탐색하는 과정을 갖는 것이다. 브랜드 입장에서는 이때가 매우 중요한 순간이다. 소비자가 특정 키워드를 검색했을 때 자사의 상품 또는 브랜드가 '노출되어야만' 이목을 끌고, 탐색되며, 판매되기 때문이다. 그러기 위해서는 브랜드를 대변할 수 있고 상품을 잘 표현할 수 있는, 동시에 사람들이 쉽게 검색할 수 있는 키워드가 필요하다.

브랜드가 판매하고자 하는 상품과 연관된 키워드를 모두 리스트 업 해보자. 키워드 세팅에는 비용이 별도로 들지 않는다. 고객이 검색할 수 있는 키워드를 확장 가능한 종류까지 리스트업해보고 설정해두면 된다. 키워드를 확장해서 검색 가능하게 세팅하면 클릭에 따라 과금되는 CPC 방식을 취하게 된다. 키워드에 따라 가격 차이가 있지만 어차피 성과에 따른 지출이기 때문에 이렇게 설정해두기를 추천한다. 하지만 브랜드의 상품이 다양할 때와 단품 중심의 SKU가 많지 않을 때에 따라 확장 키워드도 한계가 존재한다. 물론 다양한 상품을 판매하는 플랫폼이라면 설정할 수 있는 키워드가 무한정 많다. 효율 측면에서 정해진 예산에 맞게 운영하려고 한다면

ROAS Return On Advertising Spend(광고비 대비 매출액) 기준을 세팅하고 효과가 없으면 해당 키워드 세팅을 해제하면 된다.

검색엔진에서의 검색창을 넘어 쇼핑 검색 내 광고도 점점 늘어나고 있다. 검색엔진에서뿐 아니라 네이버 쇼핑과 같은 쇼핑 검색을 통해 고객이 브랜드를 인지하고 탐색 및 비교하는 단계가 생긴 것이다. 그러다 보니 네이버 쇼핑에 대한 인지도도 과거에 비해 많이 높아졌다. 이런 곳도 탐색 과정을 거치는 고객과의 접점을 만든다는 차원에서 활용해보는 것이 어떨까 한다. 물론 상위권에 노출되려면 그만큼 광고비를 지불해야 한다. 이렇게 키워드 세팅을 어떻게 하는지에 따라 잠재 고객에게 브랜드와 상품이 노출되기도 하고 아예 되지 않기도 한다.

마케팅 효과를 좌우하는 타깃 설정

불특정 다수가 아닌 특정 집단과 개인을 타기팅해 진행할 수 있는 것이 온라인 마케팅의 장점이자 매력이라고 했다. 그런 의미에서 타깃 설정은 매우 중요하다. 우리 브랜드에 전혀 관심이 없고 상품에 대한 구매 의지 역시 없는 타깃에게 광고가 도달한다면 비용을 허공에 날려버리는 셈이다. 예를 들어 20대를 타깃하는 브랜드인데 50대에게 광고를 노출하거나, 뷰티 관련 상품인데 뷰티에 대한 관심이 전혀 없는 고객에게 광고를 한다면 성과 차이가 크게 날 수밖에 없다.

개인의 성별, 연령대, 관심사 등 다양한 고객 세분화를 통해 그룹을 지정해서 타깃 광고를 운영하는 것이 효과적이다. 대행사가 광고 운영을 대행할 경우에는 보통 해당 시장에 관심 있어 할 그룹에 지속적으로 노출을 하거나 유사 관심사 그룹을 발굴해서 'A 카테고리에 관심이 있으면 B 카테고리에도 관심을 가질 것이다'라는 논리로 세팅을 한다. 예를 들면 20~30대 여성 중심으로 뷰티에 관심이 있는 고객 그룹은 다이어트에도 관심이 있을 것이라는 가설을 통해 뷰티 브랜드가 다이어트 관심 그룹군을 대상으로 마케팅을 전개하는 식이다. 같은 맥락에서 여행에 관심 있는 사람은 패션에도 관심이 있을 것이라는 가정을 할 수도 있다.

의외로 마케팅을 진행하다 보면, 브랜드와 연관 관계가 확실한 관심사를 가진 고객군보다 연관성이 크게 없는 다른 카테고리 관심사의 고객군에게 광고를 노출시켰을 때 더 좋은 효과를 보는 경우도 종종 있다. 다이어트에 관심 있는 고객군을 핵심 타깃으로 하는 브랜드가 뷰티가 아닌 금융이나 교육 관련 관심사를 가진 고객군에게 광고를 노출했을 때 그 효과가 훨씬 좋을 수도 있는 것이다. 연관성이 다소 적은 관심사의 고객군을 바탕으로 광고를 진행하려고 하는 경우에는 테스트를 해보고 그 효과를 확인한 후 본격적인 진행을 결정하는 것이 중요하다.

검색광고 진행 시 유의점

앞서 검색광고의 검색 결과 위치 또는 순위에 따라 CTR이 크게 차이 난다고 이야기했다. 이번에는 이 검색광고에 대해 조금 더 깊게 살펴보자. 검색광고 내 광고 순위 구좌는 경쟁 입찰 방식으로 운영된다. 그래서 모니터링을 통해서 입찰 운영을 직접하지 않으면 무의미한 비용 지출이 발생될 위험이 있다. 클릭당 비용이 경쟁사들의 움직임으로 인해 매일 달라지고 경쟁 자체도 치열하다 보니 입찰 가격이나 경쟁률이 지나치게 높을 때가 있다. 그럴 때는 비용 대비 효과를 생각해 순위를 조정해 운영해야 한다. 무조건 상위권 순위를 선점해야 하는 상황이 아니라면 조정을 통해 최대한 효율적으로 비용을 운용 및 관리하는 것이다.

과거 검색광고 경쟁 비딩에서 입찰 가격이 천정부지로 올라가 원인을 파악한 적이 있었다. 알고 보니 커머스 플랫폼을 운영하는 기업에서 해당 카테고리의 검색 순위에서 최상단에 노출되도록 검색광고 비용을 아끼지 말라는 운영 지침에 따라 움직이고 있다고 했다. 이에 내가 몸담던 브랜드는 검색광고 순위를 일시적으로 내려 운영했었다. 만약 원인을 파악하지 않고 올라가는 입찰 가격을 그대로 좇아 검색광고 집행을 무모하게 강행했다면 비용만 많이 쓰고 매출 대비 효과는 크게 보지 못했을 것이다. 평상시에도 타깃 고객들이 검색하지 않는 시간대, 예를 들어 새벽 시간대 같은 경우는

검색 순위에 따른 클릭률

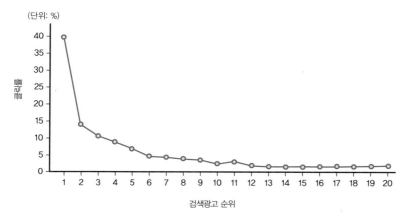

자료: Top Google Result Gets 36.4% of Clicks [Study], 〈Search Engine Watch〉

순위를 잠시 내려 운영하는 것도 비용을 아낄 수 있는 방법이다.

　그리고 검색광고는 시기에 따라 어떤 카테고리(검색)는 성수기를 맞는다는 특징이 있다. 패션이라면 다음 시즌의 상품들이 출시하는 기간이 성수기이고, 식품이라면 명절 관련 음식, 여름을 앞둔 다이어트식, 제철 식재료들이 특정 시기에 성수기를 맞는다. 이런 성수기에는 전체적으로 클릭당 비용 상승이 발생한다. 매출 대비 증감률이 높으면 상관없지만 그래도 전체적인 연간 예산을 기준으로 사용 가능한 비용을 점검해야 한다. 그렇다고 '효율화'에만 집중해 검색광고를 운영해야 한다는 말은 아니다. 매출을 끌어올릴 수 있는 때거나 매출을 달성해야 하는 기간에 비용만 의식해 검색광고를 소극적으로 운영한다면 턱없이 낮은 매출이 나올 수도 있다. 또 시간대별로도 비용 차이가 있기 때문에 상품군에 따라 고객 유입이 많이 일어나는 시간대를 피해 광고를 운영하는 것도 방법이다.

검색광고의 순위 설정은 브랜드 공식몰이 있을 때 공식몰로 연결되게 하면 되지만, 공식몰이 없다면 예상 매출 목표가 높은 채널에 또는 채널 내 특정 프로모션을 하는 페이지로 이어지게 하는 것이 중요하다. 그 효과는 마케팅의 목적이 브랜딩인지 퍼포먼스인지에 따라 점검하면 된다.

검색광고 역시 검색엔진의 화면 개편이라는 변수가 존재한다. 화면의 위치가 변함에 따라 노출 횟수와 클릭률이 변하기 때문이다. 같은 방식으로 운영한다고 해도 그 효과는 달라질 수 있으니 시간대별 트래픽과 경쟁사 비딩 현황, 클릭률, 전환율 등의 수치를 통해 유동적으로 판단해야 한다.

ROAS의 노예가 되지 말자

ROAS는 온라인 광고의 성과를 측정할 수 있는 지표 중 하나다. 지출한 광고비 대비 수익률을 이야기하며 광고를 통해 발생한 수익을 광고비용으로 나누는 비교적 간단한 수식이다. 채널에 따라 광고 성과가 일관성 있게 나오지 못하기 때문에 일관되게 적용해서는 안 되는 지표이기는 하나, 광고 지출을 계속 유지할지 증가시킬지를 결정할 때 여전히 유용하게 쓰이는 기준이다. 비용을 쓰는 만큼 성과가 나오는지를 측정하는 가장 기본적인 지표라고 할 수 있다. 이 지표를 통해 광고 운영의 방향성을 조정한다.

하지만 모든 광고를 ROAS의 잣대로만 평가하게 되면 신규 유입을 위한 광고 구좌에 의문을 갖게 된다. 신규 유입과 재구매 관련 광고 구좌를 동시에 운영하면 수치적으로는 대부분 재구매 광고 구좌의 효과가 훨씬 좋게 나타난다. 당연히 브랜드를 처음 접한 사람이 구매까지 갈 확률은 현저히 낮다. 이미 브랜드와 상품을 인지하고 있는 사람이 구매까지 할 확률은 앞의 경우보다 높다. 그러니 단순하게 ROAS 수치만을 보고 동일한 잣대로 판단을 한다면 광고 집행에 대한 치명적인 오류를 일으킬 수 있다. 결과적으로 ROAS의 노예가 되면 재구매를 위한 타깃팅 광고만 하게 된다. 당장의 성과가 좋지 않더라도 장기적인 관점에서 신규 고객의 유입을 고려해 마케팅 비중을 결정하고 운영해야 한다.

캠페인의 효과를 측정할 때는 평가 기준을 세분화해보는 것도 중요하다. 고객의 마지막 클릭last click을 광고 당일까지로 볼 것인지 아니면 7~14일까지 확대해서 볼 것인지와 같은 것들 말이다. 부동산 앱의 경우는 거래 금액 자체가 높은 편이라 현실적으로 당일이나 7일 안에 바로 광고 효과가 나타나 매출로 이어지기 어렵다. 이런 케이스에서는 광고 효과에 대한 평가 시점을 한 달 정도까지(광고를 마친 후 한 달) 늘려서 봐야 한다. 광고 효과를 평가할 때는 브랜드마다, 상품마다, 매체마다 기준을 다르게 적용해야 한다는 점을 유념하자.

리타기팅을
위해서는

이번에는 이탈을 구매로 전환시켜주는 리타기팅을 위한 마케팅에 대해 이야기해보자. 사이트 방문한 전체 사람들 중에서 구매까지 완료하는 경우는 겨우 2~3퍼센트뿐이다. 그럼 나머지 97~98퍼센트의 사람들을 다시 오게 하려면, 나아가 구매까지 유도하려면 어떻게 해야 할까? 리타기팅 광고의 형태에서 검색광고와 함께 가장 많이 쓰이는 것이 바로 개인화 광고 기법이다. 개인화 마케팅은 고객이 브랜드를 접하는 시점부터 구매까지의 과정 동안 고객에게 알맞은 타이밍에 도움이 되는 정보를 제공하는 것이다. 브랜드나 아이템을 내가 직접 검색한 적도 없는데 내가 가는 사이트마다 광고가 노출된다면, 당신은 그 브랜드가 타깃팅하는 고객 안에 들어간 거라고 생각하면 된다. 혹은 쇼핑몰 광고를 클릭한 히스토리가 있을 때 그 배너 광고가 사이트 여기저기에 등장하는 걸 본 적이 있을 것이다. 이러한 경우가 리타기팅 광고에 걸려든 것이다. 이렇듯 개인에 대해서 더 많이 알면 알수록, 개인에 대한 식별이 용이할수록 데이터 축적에 따른 리타기팅이 쉬워진다.

리타기팅의 필요성

단순하게 생각하면 신규 유입만 신경 써도 매출이 나올 것 같지만 운영을 하다 어느 단계에 이르면 신규 유입 고객만 가지고는 브랜드를 유지하기가 무척 어렵다. 그러므로 신규 유입과 재구매 즉, 리타기팅 양쪽의 밸런스를 맞춰 공략해야 시너지 효과를 얻을 수 있다. 이 두 가지가 시너지 효과를 일으키면 사업 성과가 1.6배 높아진다는 연구도 있다.

다만 브랜드 특성에 따라 신규 유입에만 집중하는 곳들도 있다. 주로 서비스 기반 브랜드가 이에 해당하는데, 한 번 서비스를 이용하면 계속 이용할 것이라는 확신을 통해 예산을 신규 유입에만 집중하는 것이다. 그러나 보통은 예산의 효율성으로 봤을 때도 신규 유입에 들이는 것보다 리타기팅이 훨씬 효율적이라는 것을 운영해본 사람들은 안다.

리타기팅에 효과적인 방법들

리타기팅은 브랜드 공식몰을 방문했거나 상품을 검색해봤던 사람을 대상으로 다시 돌아오게끔 하는 온라인 광고를 말한다. 리타기팅의 운영 논리는 간단하다. 과거의 당신이 남긴 히스토리가 현재 당신의 니즈라고 추정하는 것이다. 사용자가 관심을 보인 상품을 계속 노출시키는 것이 이 광고의 기본 원리다. 그렇게 배너 광고를 두 번째 노출시켰음에도 불구하고 구매까지 이어지지 않은 타깃에게는 또다시 지속적으로 노출을 시켜서 구매 확률을 올린다.

신규 유입을 위해서도 많이 활용되지만 리타기팅에서 효과적인 방법으로는 네트워크 배너가 있다. 어떤 소비자가 운동화를 구매하기 위해 한번 검색했다면 이후 온라인을 이용할 때마다 검색했던 운동화 브랜드에 관한 배너가 뜨게 하는 것을 말한다. 앞서도 설명한 GDN, 크리테오, 타기팅게이츠 등이 이것이다. 잠재 고객이 브랜드를 검색하거나 브랜드 웹사이트에 방문하면, 사용자의 쿠키 정보가 저장되어 연계된 사이트로 이동할 때마다 배너가 노출되게 하는 방식이다.

추가적으로 페이스북 또는 인스타그램을 통해서도 리타기팅이 가능하다. 국내 여행을 위해 숙소를 한번 검색하고 나면, 어느새 페이스북 또는 인스타그램 피드 형태로 리타기팅 광고가 뜨는 모습을 보게 될 것이다. 리타기팅은 정적 리타기팅과 동적 리타기팅과 두 가지로 나뉘는데, 정적 리타기팅은 고객이 방문한 웹사이트 내 페이지를 기반으로 광고를 집행하는 것을 말한다. 개인화된 맞춤 광고를 한다기보다 미리 만들어놓은 이미지나 텍스트를 방문자에게 노출시키는 방식이다. 반면에 동적 리타기팅은 리마케팅과 반응형 광고가 결합된 마케팅 방법으로, 잠재 고객에게 개인화된 맞춤 광고를 노출한다. 머신러닝을 이용하여 고객이 조회한 상품을 기반으로 구글애드가 자동으로 광고를 제작하여 노출해준다.

역시 타깃 설정이 중요하다

신규 유입을 위한 마케팅과 마찬가지로 리타기팅할 때도 매우 면밀하게 타깃 고객군을 선정하여 광고를 집행해야 한다. 기본적으로 신규 유입 단계를 통해 한 번쯤은 방문이나 구매를 했던 사람들이 리타기팅의 대상이다.

더 세부적으로 들어가 이를테면 '30일 이내 방문한 고객'이나 '30일 내 구매하거나 장바구니에 상품을 담은 사람' 등으로 타깃 설정이 가능하다. 물론 여기서 기간은 꼭 30일일 필요는 없고 해당 상품의 구매 주기를 바탕으로 정하면 된다.

또는 모바일 앱을 설치해놓고 구매를 하지 않은 고객을 대상으로 할 수도 있다. 기존 브랜드 공식몰 방문자는 아니지만 그동안의 방문 패턴에 따라 유사한 성격을 가진 사용자를 찾는 방식으로 접근해야 한다. 혹은 경쟁사의 고객을 대상으로도 광고 집행이 가능하다. 이렇게 목표로 삼은 타깃을 대상으로 SNS 채널피드나 DA 구좌 배너를 노출하는 방식으로 진행하면 된다. 오늘날은 수많은 광고에 노출되는 시대이기에, 기간 설정만 전략적으로 잘 해도 재방문이나 재구매 확률이 높아질 수 있다.

타깃 분류에 따라 배너 소재를 제작해서 노출할 것인지, 상품으로만 노출할 것인지에 대한 판단도 필요하다. 상품 노출은 브랜드 공식몰에 올라간 상품의 썸네일 이미지를 끌어와 노출하는 방식이라는 점을 참고하자. 한번 방문을 했다는 것은 관심도가 어느 정도 있고 구매 의향이 있다는 의미기 때문에 다른 방식에 비해 구매까지 전환할 수 있는 확률이 다소 높은 편이다.

온드 미디어에서의 리타기팅

온드 미디어에서 온라인 디스플레이 광고 외에도 고객을 다시 돌아오게끔 하는 방법들이 있다. 바로 사용자가 클릭해보고 장바구니에도 넣어본 상품들과 비슷한 추천 상품으로 리스트를 노출시킴으로써 전환율을 높이는 방식이다. 개개인에게 최적화된 맞춤 서비스의 형태로, 대표적으로 레코픽 랜딩(고객이 본 상품을 '관심 있는 상품' 또는 '제안하는 상품'이라는 형식으로 보여주는 것) 서비스가 이에 속한다.

패션의 경우에는 연관 상품으로 관심 있을 법한 리스트를 노출했을 때 효과가 크다. 연관 상품에 대한 추천도 불특정 다수한테 노출되는 방식과 고객 개인화에 맞춰진 노출 방식이 있다. 예를 들어, 겨울 패딩을 검색한 후 사이트를 다시 방문했을 때는 패딩이 아닌 함께 입을 법한 부츠와 목도리가 노출이 되는 것이다. 카테고리가 다르기 때문에 한 가지 상품을 탐색하는 동안 그와 매칭되는 아이템을 보여줌으로써 한 개의 상품을 살 소비자에게 세트 구매를 유도하는 효과를 가져온다. 물론 다양한 상품을 구비하지 못한 단일 상품 브랜드는 실행하기 어려운 광고 형태다. 이러한 연관 상품이 노출되게 하는 '상품 추천 솔루션 서비스'들은 일정 기간 동안 테스트를 해보고 그 효과에 따라 운영해보는 것을 추천한다.

고객 세분화를 통해서 앱 푸시, MMS 및 이메일 발송 등으로 재유입을 이끌어낼 수도 있다. "장바구니에 담은 상품 왜 안 데려가세요"라는 메시지와 함께 할인쿠폰 지급이나 이벤트 정보를 알려준다면 구매에 관심이 있는 고객은 이 기회를 지나치지 않는다. 또 쿠폰을 받아놓고 구매까지 가지 않는 사람들에게도 푸시 광고로 구매 확률을 올릴 수 있다. 최근에는 임대형 사이트와 연동되어 손쉽게 메시지를 보내주는 채널톡과 같은 솔루션도 생겨 이용하기가 더욱 쉬워졌다.

리타기팅을 운영하는 데 있어 가장 기본은 트래킹이다. 이 트래킹을 바탕으로 의사결정을 내리는 것이 중요하다. 트래킹을 바탕으로 광고의 방향을 수정하거나 중단해야 할 때도 있기 때문이다. 그래야 비용 대비 효율적인 운영이 가능하다. 이를 위해서는 가장 기초적으로 매출액 대비 재방문 및 재구매 방문자 추이를 일간, 주간, 월간 및 연간으로 봐야 한다. 더 세부적으로 들어가면 각 구좌의 클릭률을 통한 구매 전환율이 얼마인지도 알아보는 것이 좋다. 구매 과정 중 이탈을 하는 수는 얼마나 되는지, 이탈한 고객들에게 어떤 공통된 성향이 있는지, 어떤 이유로 이탈하는지에 대한 분석도 이루어져야 한다. 이탈을 방지하기 위해 필요한 것 중 하나는 바로 광고 제작의 바탕이 되는 소재다. 광고 소재에 대한 내용은 뒤에서 더 자세히 살펴보도록 하겠다.

세일즈 극대화를 위한 요소들

앞서 고객의 유입을 이끄는 마케팅에 대해 이야기했다면 이번에는 유인된 고객의 구매를 촉진시키는 또는 구매 전환율을 높이는 방법에 대해 이야기하고자 한다.

매체를 잘 선정하고 타깃을 설정했다고 해서 진행하는 광고 모두 그 효과를 보장받을 수는 없다. 광고 효과를 극대화할 수 있는 요소는 크게 두 가지다. 하나는 광고 노출 후 어디로 고객을 이동시킬 것인가, 즉 랜딩페이지를 어디로 설정하느냐다. 다른 하나는 광고의 이미지와 카피다. 어떤 콘텐츠로 노출되는지에 따라 고객을 설득시키고 고객의 마음을 움직이는 힘을 발휘할 수 있다.

효과적인 랜딩페이지 설정 방법

대부분 사람들은 관심 있는 광고를 봤을 때 자연스럽게 클릭을 해본다. 클릭했을 때 랜딩되는 페이지는 브랜드 즉, 광고주가 설정해두기 나름인데 이 페이지가 어디로 이어지느냐에 따라 그 성과가 크게 달라진다. 신규 유입을 의도하든 리타기팅을 의도하든 마찬가지다.

예를 들어 고객이 탐색 과정을 거쳐 브랜드 공식몰에 방문했다고 가정해보자. 한 번 방문한 것이기 때문에 브랜드 측에서는 리타기팅 범주 안에 들어온 사람일 수 있다. 이런 사람한테 다시 방문을 유도하는 광고 배너가 노출된다고 한다면, 어떠한 페이지로 연결시켰을 때 구매까지 전환될 수 있을까? 신규 유입을 대상으로 광고를 노출한다면 클릭 후 랜딩페이지는 브랜드에 대한 소개 페이지나 공식몰의 메인페이지가 효과적일 것이다. 호기심을 자극할 수 있기 때문이다. 하지만 두 번째 방문자라면 이미 브랜드에 대해 어느 정도 알고 있기 때문에 특별한 상품 구성이나 프로모션 혜택에 관한 페이지로 랜딩되도록 하는 것이 구매 전환을 이끄는 데 더 효과적일 것이다. 이런 이유로 리타기팅의 경우는 통상적으로 할인이나 프로모션 콘텐츠로 랜딩페이지를 노출한다.

그렇다면 더 구체적으로 들어가서 브랜드 공식몰의 메인페이지로 연결되도록 하는 것이 효과적일까 아니면 해당 상품의 상세페이지로 연결되는 것이 효과적일까? 랜딩페이지는 목적에 따라 다르게 세팅이 가능하다. 브랜드 앱을 다운로드하게끔 하고 싶다면 앱 다운로드 페이지로, 브랜드 스토리를 들려주고 싶다면 브랜드 설명이 담긴 페이지로 연결할 수 있다. 어떤 브랜드는 상품 설명을 잘 정리해둔 블로그로 연결하기도 한다. 이벤트로 연결을 원한다면 이벤트 페이지로, 특정한 상품에 대한 매출을 올리고 싶다면 해당 상품의 상세페이지로 연결 가능하다. 브랜드 공식몰의 메인페이지로 랜딩할 때의 효율은 테스트를 통해 매출 변화가 있는지 비교해보면 답이 나온다.

랜딩페이지에 관해 특별히 주의할 부분이 있는데 가끔 링크 연결에 오류가 생겨 랜딩페이지가 뜨지 않는 일이 종종 발생한다. 그러므로 연결 세팅 테스트는 필수적으로 해야 한다.

이미지와 카피의 힘

광고 업계에서 일하는 사람이 아니라면 '카피'라는 단어가 어색하게 들릴지도 모르겠다. 단어의 의미는 어렴풋이 안다 해도 온라인 환경에서 이 카피가 어떤 역할을 하는지, 어디까지를 카피라고 부르는지 정확히 아는 사람은 아마 별로 없을 것이다. 그러나 브랜드 운영에서 카피의 중요성은 생각보다 매우 크다. 마음대로 대충 써서 내보낼 수 있는 영역이 아니기에 엄연히 전문가도 존재한다. 우리가 카피라이터라고 부르는 사람이 바로 그들이다.

어느 정도 규모가 있는 브랜드들은 이러한 카피라이팅의 중요성을 잘 알기에 카피라이터를 직접 채용해 콘텐츠를 제작한다. 또한 카피라이터와는 다소 다르긴 하지만 상세페이지 콘텐츠를 중요하게 생각하는 곳들은 에디터들을 활용하기도 한다. 거기까지 규모가 안 될 때는 브랜드 마케터가 필요한 내용을 정리해서 디자인 제작을 의뢰하는 경우가 많다. 하지만 그렇게 했을 때 결과적인 수치와 성과 차이는 분명히 존재한다.

오프라인에서의 제품 경험과 온라인 환경에서의 제품 경험에 대한 차이를 생각하면 카피라이팅의 중요성을 잘 이해할 수 있을 것이다. 오프라인 매장에서 우리는 실제로 상품을 만져보고 느껴보면서 구매를 결정한다. 반면 온라인 환경에서는 상품을 직접적으로 경험하는 데 부분적인 한계가 있기 때문에 상품 이미지와 상품 설명으로 구매를 결정하게 된다. 잠재 고객을 타깃 고객으로 전환시킬 수 있는 힘은 더더욱 이미지와 카피 즉, 콘텐츠에서 온다. 물론 오프라인 매장에서도 카피는 중요하다. 비주얼 머천다이징 영역이 이미지에 해당되고 매장의 쇼윈도를 통해 보이는 인쇄 부착물들에 쓰여진 짧은 문구들도 다 카피다. 여기서는 오프라인 매장에 대해서는 다루지는 않고 온라인 환경에서 이러한 카피가 어떤 역할들을 하는지 살펴보려고 한다.

브랜드와 상품을 돋보이게 하는 기술

공식몰 내 광고 영역과 외부 광고 영역을 한번 자세히 들여다보자. 사이트 내에서만 봐도 카피라이터나 에디터의 손길이 필요한 영역은 많다.

앞서 브랜드 네이밍에 대해 설명할 때, 브랜드 이름만으로 어떤 회사인지 직관적으로 설명되지 않는다면 서브 카피를 추가해서 회사를 설명해줘야 한다고 했는데, 이것도 카피 영역에 해당된다. 브랜드를 가장 잘 설명해주는 광고용 슬로건일 수 있고 브랜드가 무엇을 판매하는 곳인지 설명하는 문구일 수도 있다. 네이밍과 관련된 카피는 공감을 끌어내는 방향보다는 간단명료하게 사실적인 내용을 담는 방향이 좋다. 수식어나 형용사에 대한 사용도 가능하면 최소화한다. 누가 봐도 오해 없이 이해할 수 있도록 말이다.

그다음은 메인배너의 카피를 이야기해보자. 공식몰 내 상단 메인배너는 매출과 직결되는 영역이다. 배너에 어떤 내용의 어떤 카피가 노출되는지에 따라 클릭률이 확연하게 달라진다(물론 이미지도 한몫한다). 기획전이 됐든, 상품 소개가 됐든 이 영역의 카피는 공감을 끌어낼 수 있고 고객을 설득할 수 있는 방향으로 짜는 것이 좋다. 그래야 클릭률을 높이고 결과적으로 구매 전환율도 높일 수 있다.

상품명 즉, 딜명이라고 하는 썸네일 이미지 하단에 들어가는 카피도 매우 중요하다. 어떤 커머스 플랫폼들은 딜명 문구에 대한 매뉴얼이 존재해 플랫폼 자체적으로 딜명을 등록하는 경우도 있지만, 보통은 브랜드 측에서 카피를 만들어 등록하는 경우가 더 많다. 상품에 대한 특성을 짧은 몇 개의 단어로 표현하되, 그 딜명을 보고 소비자가 '내가 필요한 상품'이라는 생각을 할 수 있게 만들어야 한다.

그다음 중요한 영역은 상세페이지의 카피다. 상세페이지에 들어가는 브랜드 소개와 해당 상품에 대한 설명에는 브랜드의 차별성이 담겨야 한다. 브랜드를 가장 많이 설명해줄 수 있는 영역이면서도 고객을 설득할 수 있는 공간이기 때문이다. 상품에 대한 설명은 설득을 위해 사실에 근거해야 하고 가장 명료하고 정확한 언어로 표현되어야 한다. 물론 상세페이지 상단 부분에는 고객의 공감을 이끌어내기 위해 '후킹성' 카피를 넣는 경우가 많다. 그리고 상품 장점을 표현할 때 으레 '베스트'나 '최고'라는 표현을 많이 쓰는데, 이런 표현도 적절하게 가감하여 활용해야 한다. 모든 상품에 '베스트'라고 붙여놓으면 고객이 어떤 것을 선택해야 할지 혼란을 느끼게 된다. 무조건 최고임을 강조하기보다는 근거를 통해 왜 최고인지를 설명해주는 것이 더 설득력 있다.

공식몰 외 브랜드가 관리하는 SNS 채널에서도 카피는 매우 중요하다. 브랜드의 SNS 채널은 전체 고객층 중에서도 좀 더 세분화된 타깃이 모여 있는 공간이다. 그래서 다른 채널에 비해 공감이나 고객 참여를 이끌어내는 역할의 비중이 크다. 같은 맥락에서 자주 사용하는 해시태그를 어떻게 설정할 것인지에 대한 부분도 생각해보면 좋다.

이 외에 고객 후기는 브랜드와 상품을 직접 경험한 고객의 목소리가 생생하게 담겨 있기 때문에 카피를 만들 때 고객 후기를 참고하면 도움이 된다.

클릭을 유도하는 광고 배너 소재

신규 유입 또는 리타기팅 광고에서 '소재'는 매우 중요한 역할을 한다. 배너 소재는 메시지 카피, 이미지, 상품 또는 오브젝트로 구성되어 있다. 어떤 메시지와 이미지를 활용하느냐에 따라 재방문 및 재구매의 빈도가 달라진다. 그러므로 이미지와 카피로 구성된 여러 배너안을 제작하고 A/B 테스트를 진행한 다음, 효율 높은 소재의 배너를 선택하는 것이 좋다. 이때 PC와 모바일 환경에 맞는 배너 사이즈를 각각 따로 준비해야 한다.

이미 브랜드 공식몰에 방문을 한 사람들을 대상으로 브랜드 메시지가 담긴 배너가 노출된다면 그 소비자는 어떤 행동을 할 수 있을지 생각해보자. 한 번 이상 방문했고 구매를 고민했던 고객이라면 할인이나 프로모션 또는 신규 가입에 대한 혜택 정보가 담겨 있을 때 구매를 해야겠다는 생각을 할 것이다.

DA 광고 배너 레이아웃 예시

Artboard 1

서브 카피 문구
메인 롤링 배너   할인율   오브젝트

Artboard 2

메인 롤링 배너   브랜드 로고

Artboard 3

브랜드 로고   메인 카피 문구   할인율 혜택

Artboard 4

할인율/혜택   오브젝트   브랜드 로고

Artboard 5

브랜드 로고
메인 카피 문구

오브젝트

Artboard 6

메인 카피 문구

오브젝트

브랜드 로고

Artboard 7

브랜드 로고

메인 카피 문구

할인율

오브젝트
/프로모션 이미지

Artboard 7

메인 카피 문구

할인율

오브젝트
/프로모션 이미지

브랜드 로고

DA 광고의 배너는 어떨까? 배너에 들어가는 메시지나 구체적인 카피는 광고 목적과 타깃에 따라 달라진다. 주로 배너 상단 왼쪽에는 문구를, 상단 오른쪽에 브랜드 로고, 오브젝트, 할인율 등을 넣어 제작한다. 어느 위치에 들어가는 배너인가에 따라 사이즈가 다르기 때문에 각 상품에 맞게 준비해야 한다는 것을 유념하길 바란다.

배너 제작 시 가장 중점을 두어야 하는 부분은 광고 채널과 타깃에 따라 배너의 이미지와 카피가 달라야 한다는 점이다. 보통의 광고 구좌들은 플랫폼별로 가이드가 명확하게 있는데, 그중 배너는 카피 위치와 글자 수, 배경 이미지, 상품 또는 오프젝트 위치 등이 어느 정도 정해져 있다. 이에 맞춰 제작 및 준비를 해야 한다.

추가적으로 주의할 점들을 이야기하자면 배너에 들어가는 상품 이미지 수는 세 개 이하로 하는 것이 주목도를 높인다. 그리고 이미지를 넣었을 때 어느 방향에서도 잘림 없이 보이도록 유의해야 한다. 카피를 쓸 때는 브랜드의 톤앤매너를 유지하면서 소비자를 후킹할 수 있는 표현을 고민해야 하는데 이 밸런스를 맞추는 게 쉽지 않다. 그리고 카피는 직관적이고 쉬워야 한다. 한 번 더 생각을 해야 하는 카피는 실패할 확률이 높다. 그래서 짧고 즉각적으로 이해할 수 있는 표현을 쓰는 게 좋다. 광고가 노출되는 시간대 및 기간에 따라서도 그 효과가 달라지기 때문에 노출 시점을 고려한 카피를 짜보는 것도 방법이다.

인지도 있는 상품을 배너에 넣는 것이 좋다

배너 광고의 효과를 높이려면 시각적으로 카피를 돋보이게 하는 디자인도 수반돼야 한다. 배너에 들어가는 상품 또는 오브젝트에 대해 한번 살펴보자. 오프라인 매장 쇼윈도에 디스플레이를 한 상품은 과연 얼마나 팔릴까? 쇼윈도에는 브랜드의 메인 상품을 전시하는 경우도 많지만 그보다는 이목을 끌 수 있는 화려한 색상의 옷이나 과감한 디자인의 옷을 전시하는 경우가 더 많다. 패션 업계에서 근무할 당시 '2 대 8 법칙'이라는 말을 들은 적이 있다. 창문을 통해 2를 보여주고 8을 판매한다는 뜻이다. 온라인 배너 소재에도 2 대 8 법칙이 존재한다. 배너 소재로 기존에 매출이 잘 나오는 대중적인 상품을 올렸을 때와 후킹을 위한 상품을 올렸을 때 CTR은 극명하게 다른 결과치를 나타낸다. 해당 상품을 보고 유입되어 다른 상품도 구매하는 구조다. 그래서 인지도가 높은 상품을 내세울 때 결과가 좋은 경우가 많다.

조직 구조에 따라 다르겠지만, 보통 MD는 새로운 상품 또는 매출이 부진한 상품을 노출하고 싶어 한다. 반면 광고를 운영하는 담당자는 수치적인 성과에 초점을 맞추기 때문에 서로 의견이 부딪히는 경우가 많다. 하지만 이 시점에서 배너 소재의 목적에 대해 한번 생각해볼 필요가 있다. 배너 광고를 운영한다는 것은 소비자의 클릭을 유도해 소비자가 우리 사이트에 들어와보게끔 하는 것이 목적이다. 그러므로 수치적인 목표를 가지고 간다면 주목도가 높은 상품 이미지를 활용하는 편이 맞다. 하지만 브랜드 측면에서 특별한 상품 출시를 인지시키는 게 목적이라면 이에 따라 해당 상품 노출을 결정하면 된다.

온라인 환경에서 카피라이팅과 에디팅의 중요성이 더욱더 커지고 있다. 규모가 작은 조직일수록 카피라이팅 팀을 별도로 꾸리기 힘들겠지만 장기적으로는 꼭 필요한 부분임을 명심하면 좋겠다. 설득되지 않은 카피로는 엄청난 비용을 투자해 백날 광고한다고 해도 원하는 성과를 얻지 못할 것이다.

배너 광고 소재와 관련해서도 이야기하자면 배너 광고 소재도 트렌드를 탄다. 과거에는 광고가 아닌 것처럼 제작을 많이 했는데 최근에는 아예 광고라고 대놓고 커뮤니케이션하는 쪽으로 바뀌고 있다. 물론 법규상의 이유도 있지만 최근 몇몇 인플루언서들이 협찬인데 마치 협찬이 아닌 것처럼 영상을 제작해 벌금형을 받는 사례가 발생하면서 이러한 변화가 생긴 것이다. 앞으로 이런 광고 트렌드의 변화가 브랜딩에 유해한 것인지에 대해서도 고민해야 한다.

고객 소통을 위한
SNS
활용 전략

최근 들어 SNS를 통한 광고 효율이 점점 좋아지는 추세다. '오픈 서베이 2020'의 조사에 의하면 20~30대 여성 열 명 중 일곱 명은 인스타그램의 광고를 보고 제품을 구입한 경험이 있다고 한다. 소셜 미디어가 단순히 홍보 수단으로만 활용되던 때를 지나 이제는 구매 수단으로까지 확장되어 활용되고 있다. 인스타그램을 예로 들어보자. 인스타그램은 사실상 자신의 라이프스타일을 보여주고 '좋아요'를 받는 개인 소셜 미디어로 시작했다가 지금은 하나의 판매 플랫폼이 됐다. 인스타그램을 통해서 개인이 제품을 제작해 판매하는 것을 이제는 일상적으로 볼 수 있다. 개인뿐만이 아니라 스토리나 피드에 상품 태깅 기능이 활성화되면서 고객 유입에 효과를 본 브랜드들도 적지 않다. 이처럼 SNS가 판매 역할까지 하게 되면서 SNS 운영의 중요성은 점점 커지고 있다.

각 채널에 맞는 콘텐츠 전략

주요 SNS 채널로는 인스타그램, 유튜브, 페이스북 및 블로그 등이 있다. SNS 채널도 채널별로 사용자의 특징이 다르다. 그러므로 브랜드가 타깃으로 삼는 사용자에 맞춰 채널 선택이 필요하고, 또 채널 특성에 따라 콘텐츠도 다르게 제작해야 한다. 한마디로 채널에 맞는 기획을 해야 한다는 얘기다. 10대가 페이스북을 많이 활용한다면, 그보다 상대적으로 연령층이 높은 채널은 인스타그램이다. 카카오스토리는 여성이나 주부들이 많이 사용한다. SNS 채널들은 연령대 외에도 플랫폼 자체만으로도 차별화되는 특징들을 가진다. 이러한 채널의 특성을 잘 파악해서 채널에 맞는 콘텐츠를 제작하고 운영해야 효과가 있다. 어떤 채널이든 공통적으로 중요한 것은 팬덤이다. 인스타그램에서는 팔로워, 유튜브에서는 구독자 등이 브랜드에 대한 지속적인 관심을 갖고 소통하고자 하는 대상, 팬덤이라고 볼 수도 있다.

인스타그램은 이미지로 콘텐츠를 업로드하는 채널로 콘텐츠에 대한 상세한 설명을 넣거나 함께 소통할 수 있는 해시태그를 다는 방식을 활용한다. 최근 쇼핑 기능이 고도화되면서 이미지를 통해 브랜드를 보여주고 상품을 알리는 것에서 나아가 구매 전환을 일으키는 경우도 생겼다. 해시태그를 어떻게 활용하느냐에 따라 브랜드가 지속적으로 커뮤니케이션하고자 하는 메시지 또는 고객이 원하는 콘텐츠를 제공할 수 있다. 유튜브 또한 채널의 특성에 맞게 콘텐츠를 제작해야 구독자와 조회 수를 늘릴 수 있다.

각 채널별로 사용자가 반응하는 데이터 수집 및 트래킹이 가능하다. 인스타그램은 '피드의 좋아요 개수'와 '스토리를 통한 랜딩 유입 수치'를 통해 콘텐츠에 대한 잠재 고객군의 반응을 살필 수 있다. 유튜브도 조회 수와 구독자 수, 사람들의 댓글 반응, 콘텐츠 자체의 시청 시간 등을 통해 어디까지 흥미를 느꼈는지에 대한 판단이 가능하다. 각 채널의 특성을 이해하여 고객이 원하는 콘텐츠로 소통하는 것이 중요하다.

체험단 또는 서포터즈 활용

처음 브랜드 SNS 계정을 오픈해서 운영하기 시작할 때는 인플루언서가 아닌 이상 바로 팔로워가 생기는 게 아니기 때문에 팔로워 모집이 필요하다. 게다가 인스타그램은 팔로워 수를 베이스로 콘텐츠의 노출 정도가 달라지기 때문에, 이후 좋아요나 댓글을 많이 받을 확률까지 생각한다면 일단 많은 팔로워를 유치하고 관리하는 것이 중요하다.

채널을 활성화시키시 위한 가장 기초적이고 쉬운 방법은 체험단이나 서포터즈를 모집하는 것이다. 공개 체험단을 모집하는 위블 또는 리뷰 플레이스 라는 곳을 통해서 운영해볼 수 있다. 활성화가 많이 된 네이버 카페 레몬테라스나 파우더룸 같은 곳에서 체험단 모집을 하는 방법도 있다. 신상품 또는 기존 상품에 대한 체험단을 모집 후 참여자들로 하여금 홍보 활동을 하게 해 단계별로 바이럴을 일으키는 방식이다. 과거에는 광고라는 표기 없이 진행되곤 했지만 최근에는 법규상 현물 협찬을 받는 경우에도 광고 표시 또는 협찬을 받아서 작성됐다는 코멘트를 기재하게 되어 있다. 하지만 이런 체험단이나 서포터즈를 통해 상품의 특징이 잘 노출되기만 한다면 광고 표기와 상관없이 효과를 볼 수 있다. 이러한 체험단의 후기는 브랜드가 공식적으로 만든 콘텐츠들과 다르게 고객 입장에서 내용 전달이 되기 때문에 공감이나 설득을 이끌어내기 좋다.

체험단을 모집하고 진행할 때도 유의해야 할 점이 있다. 그들이 개인 계정에서 어떻게 활동하고 있고 다른 포스팅을 어떤 톤앤매너로 올렸는지 등에 대한 점검이 필요하다. 각 블로그의 방문자 수, 글을 얼마나 성의 있게 잘 작성해 줄 것인지 또는 블로그 상위 노출 최적화가 되어 있는지 등도 살펴보자. 이를 통해 신중하게 체험단을 선정해야 한다. 포스팅 내용이 좋거나 커뮤니케이션을 잘하는 사람에 한해서는 지속적으로 협업도 가능하다. 대가는 주로 상품권이나 홍보하는 해당 상품으로 지급하는 경우가 많다. 운영 측면에서 전략적일 필요가 있는 부분은 바로 포스팅 시점이다. 최신순으로 노출되는 인스타그램 알고리즘 고려해본다면 팔로워들의 참여도가 높은 시간대를 선점해서 포스팅하는 것이 노출에 효과적이다.

최근 브랜드 홍보단이나 체험단의 방식도 많이 변하고 있다. 과거에는 네이버 파워 블로거 또는 인스타그램 인플루언서와 같이 채널 특성에 따라 활동하는 인플루언서들이 구분되어 있었다. 하지만 요즘은 SNS 채널 자체의 경계가 많이 무너져 유튜브, 인스타그램, 블로그 등을 2~3개씩 운영하는 사례도 많다. 경계가 사라지고 여러 채널을 운영하는 인플루언서가 많아짐에 따라 채널별로 인플루언서를 찾기보다는 양쪽 팬덤을 다 사로잡을 수 있는 인플루언서를 잡는 것도 하나의 방법이다.

쉽게 시작하는 SNS 운영 팁

SNS 운영의 기본이자 굉장히 단순하면서도 도움이 되는 방식은 사람들이 관련 브랜드나 상품에 대한 포스팅을 했을 때 브랜드가 해당 계정에 가서 반응을 해주는 것이다. 상품을 구매한 고객이 있다면, 해시태그를 모니터링하여 고객 계정에 브랜드 계정으로 댓글을 남겨보자. 또는 브랜드의 상품 카테고리와 유사한 해시태그를 검색해 글을 올린 사람들을 팔로우함으로써 관심을 표하거나. 잠재 고객으로 보이는 사람이 호기심을 가질 수 있도록 댓글을 다는 것도 방법이다. 구매 고객이 늘어나면 고객들이 자체적으로 개인 계정에 상품에 대한 이미지를 올리는 경우도 많이 생기는데 이럴 때에는 별도로 DM을 통해 허락을 구하고 고객 후기를 리그램해 활용할 수도 있다. 손이 많이 가는 작업이지만 그만큼 초기 단계에서는 효과를 보는 경우가 많다.

상품 출시에 맞춰 단기적으로 상품 체험 이벤트를 오픈해서 참여를 유도하는 경우도 있다. 브랜드가 많이 알려지지 않은 단계에서는 누구나 하는 이벤트를 오픈해서는 반응을 얻기 힘들다. 보통 상품을 무상으로 제공하고 사용 후기나 경험을 계정에 포스팅해주는 방식이 일반적이다. 물론 트래픽을 늘리려면 팔로워 수가 많은 영향력 있는 인플루언서를 통해 상품을 홍보하는 것이 효과적이다. 하지만 이벤트 콘텐츠라면 팔로워 수가 적은 계정이라도 댓글 수가 급증하여 인기 게시물로 노출될 확률이 높기 때문에 팔로워 수만을 고집할 필요는 없다.

체리피커를 극복하기 위해서는

SNS를 운영하다 보면 이벤트나 체험단 등을 쏙쏙 잘 활용해 참여만 하고 빠지는 '체리피커'들을 만나게 된다. 체리가 장식된 케이크에서 하나뿐인 체리를 빼먹는 사람이라는 뜻으로, 자신에게 필요한 혜택만 누리고 실속만 차리는 데 관심을 두는 소비자를 말한다. 한 자료에 의하면 전체 소비자 중 약 20퍼센트가 이 체리피커에 속한다고 한다. 주로 카드 업계에서 많이 언급되는 용어지만 업계를 불문하고 많은 기업들이 겪는 문제가 아닐까 싶다. 가끔 SNS 채널을 통해 이벤트를 진행하다 보면 당시에는 효과가 좋은 것 같은데 막상 뚜껑을 열어보면 전혀 실속이 없는 경우가 많다. 계정에 팔로우를 했다가 해당 혜택을 얻은 후 바로 떠나버리는 이러한 체리피커들 때문이다. 이에 팔로워 수치가 확 줄어드는 현상도 생긴다. SNS 채널 중에서도 인스타그램은 유령 계정이 많기 때문에 브랜드 SNS 채널을 활성화시키고자 한다면 이러한 계정들을 사전에 잘 구분해놓을 필요가 있다.

체리피커 때문에 나온 개념이 바로 디마케팅demarketing이다. 수익에 도움이 되지 않는 고객을 의도적으로 줄이고 실질적인 수익을 가져다주는 고객을 우선순위에 놓는 마케팅 용어다. 초반에는 이러한 체리피커들을 피해 디마케팅을 진행하는 일이 어렵겠지만 어느 정도 충성 고객이 확보된 후에는 이러한 디마케팅 전략도 고려해볼 만하다. 수익에 기여하는 고객에게 조건부로 혜택을 제공함으로써 충성도 낮은 고객에게 흘러 나가게 되는 혜택을 줄일 수 있다. 그리고 이러한 과정을 통해 제품에 대한 이미지와 브랜드 가치를 향상시키고, 특정 고객들의 충성도를 강화시킬 수 있다.

대행사
선정 및
협업 노하우

규모의 크고 작음과 상관없이 많은 브랜드들이 온라인 광고 운영을 위해 대행사를 활용하곤 한다. 광고주 즉, 브랜드들도 경험이 쌓이면서 이를 자체적으로 운영하려고도 하지만 대행사가 하는 것만큼 원활히 진행하기가 어려운 부분이 있다. 그러다 보니 최근에는 광고 운영 업무 중 일부분만 대행사에 맡기는 사례도 증가하고 있다.

경쟁 PT를 통해 광고 대행사들의 제안 내용을 듣고 있으면 여러 가지 생각을 하게 된다. 모든 대행사에 동일한 내용을 전달했는데 솔루션의 내용이 제각각이기 때문이다. 그중에서 가장 브랜드의 방향성과 맞는 곳을 선정하면 된다. 보통 제안 내용을 가지고 올 때 예산 사용에 대한 계획도 함께 가져오는데 이때 예산 편성을 어떤 방식으로, 왜 했는지를 살펴보는 것이 중요하다. 예산에 관한 광고 매체 편성은 계약을 하고도 충분히 변경할 수 있는 부분이므로 논의를 통해 바꿀 수 없는 부분을 판단하에 선정하는 것이 핵심이다.

브랜드를 파악하는 맥락이나 이에 대한 새로운 제안들이 얼마나 KPI에 맞는지도 중요하고, 아이데이션Ideation도 중요하다. 결국 브랜드에서 원하는 분석과 아이디어 제안을 잘 수행할 수 있는 곳과 진행해야 한다. 또 사람과 사람이 하는 일이기 때문에 브랜드에 대한 대행사의 관심과 의지도 중요한 부분이다. 매출 규모나 평판도 중요하겠지만 결국 담당하는 사람이 얼마나 브랜드를 잘 이해하고 애정 있게 운영을 하는지에서 차이가 난다. 담당자의 과거 광고 운영 경험도 한몫을 한다. 광고주 즉, 브랜드 담당자들이 모여서 대행사에 대한 이야기를 하다 보면 '결국 제일 중요한 것은 사람'이라는 말을 많이 한다. 그래서 비딩 시 확정된 담당자가 퇴사 등의 이유로 갑자기 바뀌거나 하면 브랜드 측은 리스크를 느끼기 마련이다.

광고 대행사의 비용 구조

브랜드 즉, 광고를 맡기는 주체는 광고주에 해당한다. 온라인 광고를 맡는 대행사는 광고를 대신 실행을 해주는 조건으로 관리, 즉 운영에 대한 비용-management fee을 받는다. 매체에 따라 그 관리 비용을 어떻게 지급하느냐가 조금씩 다르기 때문에 이에 대해 미리 알아두는 것이 좋다.

자동차 브랜드의 판매사원이 자동차 한 대를 팔 때마다 수수료를 받는다고 가정해보자. 여기서 광고 대행사는 판매사원이 되고 자동차 브랜드가 곧 광고주인 셈이다. 우리나라 광고 매체와 해외 광고 매체의 구조가 다른데(사실 광고 구좌마다 지불 방식이 조금씩 다르다), 크게 구글, 페이스북 등과 같은 해외 매체의 경우는 광고주가 지불한다. 국내 주요 온라인 광고 매체는 광고주가 수수료를 지불하지 않는 방식을 취한다. 물론 상품에 따라 예외적으로 지불하는 경우도 있지만 흔히 알려진 네이버, 카카오 등의 광고 상품은 광고주가 비용을 지불하지 않는다. 다만 매체사가 금액에 따라 상이한 수수료로 대행사와 미디어 랩사한테 각각 수수료가 지급된다. 결국 영업에 대한 수수료를 지급하는 거라고 보면 된다. 부킹 방식도 광고주나 대행사가 직접 할 수 없는 구조다. 대행사 외에도 미디어 랩사가 중간 단계에 있어서 부킹을 대행해준다. 광고주나 광고 대행사가 직접 부킹을 하지 못하고 미디어 랩사가 부킹을 해줘야 들어갈 수 있는 방식이다. 미디어 랩사로 부킹에 대한 권한을 가진 곳들은 관리의 용이성을 위해 그 수가 한정되어 있다. 매체사 측에서 미디어 랩사를 통해 광고 상품의 판매권을 부여하는 것이다.

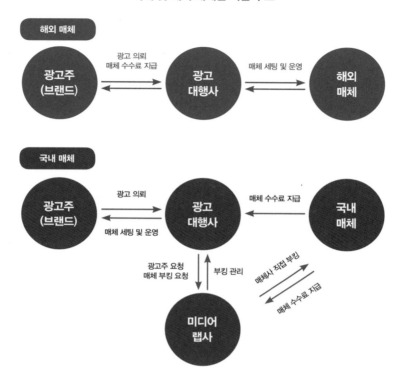

국내 및 해외 매체별 역할 구조

대행사를 선정할 때는 가장 먼저 기존 시장에서 활동하고 있는 대행사들을 리스트업 해봐야 한다. 요즘은 사이트에 다 공시해놓기 때문에 대행사별로 어떤 브랜드들을 운영하고 있는지 알 수 있다. 대행사들이 꼭 어떤 브랜드를 운영해봤다는 경험이 필수 조건은 아니지만 분명 유리한 부분들이 있다. 결국 유사한 시장에서 비슷한 타깃을 대상으로 광고 운영을 해봤다고 한다면 그만큼 시장에 대한 인사이트가 있다는 뜻이다. 운영 노하우 또한 어느 정도 쌓였다고 볼 수 있다. 광고 운영을 맡기게 되는 광고주 즉, 브랜드들은 브랜드의 방향성이나 전략에 대한 내용을 공유한다. 방향을 알아야 그에 맞게 광고 운영을 제안할 수 있어서다. 이런 이유로 어떤 대행사들은 담당하고 있는 브랜드의 경쟁사에서 제안이 들어와도 받아들이지 않는 경우가 많다. 고객 데이터와 더불어 브랜드의 전략 방향이 공유된 셈이니 조심을 하는 것이다.

광고 KPI 설정의 중요성

대행사를 선정하기 전에 우선 내부 예산부터 파악해야 한다. 예산에 따라 어떤 광고 방식을 취할 것인지는 다음 문제다. 통상적으로 연간 예산이 나오면 연간 목표 매출 대비 연간 지출 광고비가 산출된다. 또한 광고를 운영하는 데 있어 KPI 설정도 중요하다. 광고에 대한 KPI는 다양하다. 매출이 목표인 브랜드도 있고 신규 고객 유입이 목표인 브랜드도 있다. 또한 시장 내에서 인지도 향상을 목표로 설정하는 브랜드도 있다. 브랜드의 KPI에 따라 광고 매체가 달라지기 때문에 KPI를 설정하는 과정은 매우 중요하다. 또한 KPI가 제대로 설정되어야 대행사 입장에서도 정확히 평가를 받을 수 있다.

KPI 설정이 끝났다면 디지털 대행사 선정 과정에서 협업하고자 하는 대행사들을 리스트업해보자. 예산과 더불어 브랜드의 광고 운영 목적에 따라 이들과 미팅을 진행하면 된다. 한 가지 팁을 주자면 디지털 광고 대행 업계에도 성수기 시즌이 존재한다. 만약 큰 규모의 예산이 들어가지 않는다면 성수기 시즌을 피해서 진행할 것을 권한다. 그래야 대행사가 조금은 더 적극적으로 참여할 확률이 높아진다. 통상적으로 비딩 전에 오리엔테이션을 진행해 브랜드에 대해 소개하는 자리를 가지며, 대행사는 비딩 전까지 브랜드의 포지셔닝에 대한 분석과 소비자 및 시장 조사를 통해 운영 방법에 대한 고민하게 된다. 그 과정에서 해당 브랜드의 경쟁력이 무엇인지, 어떤 부분이 부족한지를 분석해 솔루션을 도출한다.

정기적으로 리뷰하라

대행을 맡기는 입장이기 때문에 운영에 대한 정기적인 리포트를 받고 이를 리뷰하는 과정이 필히 있어야 한다. 비용이 들어가는 일이므로 어디에 어떻게 광고를 해서 어떤 결과가 나왔는지를 정확하게 파악해야 한다. 결국 대행사는 논의된 가이드에 맞춰 운영하기 때문에 실시간 커뮤니케이션도 실무자 사이에서는 꼭 필요하다. 세워둔 계획대로 진행이 되면 좋겠지만 입찰가 변동, 경쟁사들의 광고 운영에 따라 때로는 운영 방향을 바꿀 필요도 있기 때문에 실시간으로 소통이 되지 않으면 비용만 지출하고 효과를 거두기 어렵다.

한 가지 유념해야 할 부분은 목표치 설정에 관한 것이다. ROAS 수치를 기준으로 성과 효율성이 높은 채널들은 추가 또는 지속 운영할 수 있고 수치가 낮게 나오는 곳들이라면 변화를 시도할 수 있다. 클릭 횟수당 비용인 CPC 개념도 함께 봐야 한다. CPC는 모바일과 PC에 따라 비용이 다른데, 실시간 입찰가 방식의 운영이다 보니 대행사가 모니터링을 통해 대응을 빠르게 해주지 않으면 안 된다. 경쟁이 치열한 검색어일수록 입찰가 변경이 빈번하기 때문에 순위에 대한 조정을 예산과 연계해서 전략적으로 접근해야 한다. 또한 전체 영업이익을 고려했을 때 광고가 잘 운영되고 있는지, 효과가 없다면 무엇이 문제인지 원인을 찾아 광고주와 빠르게 커뮤니케이션하는 것이 가장 중요하다. 운영 결과에 대해 평가를 할 때는 신규 유입과 리타기팅을 포함한 각 목적에 따른 평가 척도를 논의하고 각각 구좌별 노출 수, 클릭 수, 클릭률, 광고비, 클릭당 비용, 전환 수, 전환율 등에 따른 분석 자료를 요청하면 된다 (보통 규모가 큰 대행사의 경우는 정형화된 리포트를 갖고 있다). 결국 광고주와 대행사는 매출과 수익에서 서로 원원하는 구조로 일할 수밖에 없다. 그러므로 담당자 간의 깊은 논의를 바탕으로 원활한 협업이 필요하다.

PART 5

브랜드
성공을 위한
리스크
관리

매체 확장으로
더 커진
브랜드 리스크

매체의 확장으로 브랜드를 위협하는 리스크가 과거에 비해 더욱 더 커졌고 확산 속도도 훨씬 빨라졌다. 이에 따라 브랜드의 진정성이 점차 중요해지는 시대가 됐다. 투명하게 브랜드를 운영하고 투명하게 커뮤니케이션해야 브랜드가 지속 가능할 수 있다는 것을 깨닫게 된 것이다. 소비자들이 다양한 채널을 통해 많은 정보를 얻을 수 있게 되면서 과거에는 눈 가리고 아웅했던 부분들이 최근에는 언론을 중심으로 빠르게 노출되는 경우를 많이 본다. 오프라인에서 온라인으로 브랜드를 경험하는 방식이 바뀌면서 브랜드에 대한 부정적 이슈가 생기면 이제는 인터넷상에서 정말 무서운 속도로 퍼져

나가곤 한다. 이럴 때 발 빠르게 대처하지 않으면 손쓸 수 없을 정도로 리스크가 커질 수 있다. 규모가 큰 기업들은 오너 리스크를 포함하여 갑질 논란, 비리 조작 등으로 브랜드 이미지가 하루아침에 실추되는 사례도 종종 있다. 이러한 리스크가 발생하면 당연히 기존 충성 고객들은 경쟁 브랜드로 옮겨가게 된다. 하지만 이러한 리스크가 우리가 흔히 잘 아는 대기업에만 해당되는 내용일까?

한순간에 무너질 수도 있다

SNS 채널의 바이럴을 통해 유명해진 인플루언서들에게도 리스크 관리는 중요하다. 상품 관리에 소홀하거나 고객 클레임에 원활하지 대응하지 못해 한순간에 무너지는 인플루언서들을 우리는 종종 보곤 한다. 잘못된 대응으로 원래 문제보다 더 큰 문제로 불거져 브랜드 이미지가 실추되고 회생이 불가능한 경우도 있다. 생산 과정에서 오류가 생긴다든가 잘못된 상품이 배송된다든가 하는 일은 사실상 언제든 일어날 수 있는 일이다. 하지만 거기서 어떻게 대응하느냐에 따라 충성 고객이 생기기도 하고 안티가 생기기도 한다. 제휴를 하는 브랜드 입장에서는 이러한 인플루언서 리스크로 입는 타격이 매우 크다. 선정하는 인플루언서나 콘텐츠에 대한 책임을 사실상 브랜드가 져야 하기 때문이다. 브랜드 혹은 인플루언서가 원인 제공을 하는 것 외에도 사실과 무관하게 브랜드를 터무니없이 비방하는 글들이 SNS 채널, 댓글이나 기사를 통해 노출되는 경우도 있는데 이러한 부분도 관리가 필요하다.

최근 코로나19 특수로 갑자기 호황을 맞게 된 온라인 브랜드들을 심심치 않게 본다. 이런 곳일수록 갑자기 늘어난 주문량을 맞추지 못해 문제가 많이 발생한다. 이럴 때 고객 클레임에 잘 대응하면 고객으로부터 더 큰 신뢰를 얻을 수 있다. 반면에 문제 해결이 원활하지 못하거나 대응이 미흡하면 충성 고객을 만들 좋은 기회를 놓치게 될 뿐만 아니라 평판마저 금이 가게 된다.

브랜드 평판을 실추시키는 것들

그렇다면 브랜드 평판에 영향을 끼칠 수 있는 리스크의 종류에 대해 살펴보자. 가장 기본적으로는 상품 품질 리스크가 있다. 상품 자체에 문제가 있을 수도 있고, 상품의 정보를 보여주는 썸네일과 상세페이지에 문제가 발생하기도 한다. 실제 상품과 이를 설명해주는 내용이 다르거나 격차가 크면 이런 리스크를 마주한다.

커뮤니케이션 리스크도 존재한다. 브랜드가 고객과 커뮤니케이션할 때 실수로 말을 잘못한다거나 부적절한 표현을 써서 브랜드의 평판이 실추되는 경우다. 커뮤니케이션 채널이 많으면 많을수록 즉, 커뮤니케이션 루트가 다양할수록 공식적으로 메시지를 내보낼 때 신중을 기할 필요가 있다. 대외적인 커뮤니케이션을 많이 하는 것이 브랜드의 장점일 수 있지만 반대로 생각하면 그만큼의 리스크에 노출되는 것이기도 하다. 그래서 가능하다면 브랜드 내 리스크 관리를 전담하는 직원이나 품질관리를 담당하는 사람이 외부와 커뮤니케이션하는 것을 추천한다. 또한 내부에서 어떤 표현을 써야 오해가 없는지 꼭 검토를 거쳐야 한다. 가끔 빨리 문제를 해결하려고 섣불리 협의되지 않은 이야기를 하는 경우가 있는데 그래서는 나중에 더 수습이 어려워진다. 전문적으로 대응을 하는 사람이나 커뮤니케이션을 해야 하는 사람이 아니라면 말을 아낄 필요가 있다.

빠르게 정보를 전달하려고 확신이 없는 내용을 전달하다 보면 수습이 더 어려울 때가 있다. 하지만 고객에게 빠른 대응을 약속한 사안이 있다면 그 부분에서만큼은 빠른 의사결정으로 문제를 해결해야 한다. 방송이나 SNS 채널을 통해 공개적으로 약속한 부분에서 소비자들이 실망하게 되면 더 큰 분노를 느끼는 경우가 많다.

가끔은 인플루언서 같은 외부인이 사실이 아닌 이야기를 유포해서 브랜드를 힘들게 하는 사례도 종종 있다. 상품을 만들어서 판매하는 과정에서 신경을 써야 하는 관련 법규에 대해서도 가볍게 생각하게 되면 큰 타격을 입는다. 그래서 규모가 큰 브랜드일수록 전반적인 리스크 점검을 위한 팀이 꼭 필요하다.

관리해야 할 고객 범위는 어디까지일까

　브랜드 평판을 지키기 위한 고객 관리라는 개념에서 과연 '고객'의 범위는 어디까지일까? 상품을 구매한 사람만 고객이라고 한정지어 생각하면 안 된다. 브랜드에 종사하는 사람을 제외한 모든 사람을 다 고객이라고 봐야 한다.

　상품을 생산해주는 거래 제조사조차도 사실상 브랜드 입장에서는 고객에 해당된다. 제조사에서 함께 파트너로 일하고 있는 사람들이 브랜드의 어떤 면 때문에 불편함을 겪거나 불만족했다면 이역시도 고객 관리가 필요한 부분이다. 오늘날은 정보를 알리는 채널이 다양해지고 정보가 가공되지 않은 상태에서 퍼지는 경향이 크기 때문에, 그러한 내용들이 노출되면서 미치는 여파를 생각하면 '모든 사람이 고객'이라는 인식으로 고객 관리를 해야 한다. 여기에 더해 상품을 인지하고 탐색까지 했는데 구매까지 이어지지 않은 고객도 잠재 고객으로서 주요 관리 대상이다. 휴면 고객, 신규 고객 또는 재구매 고객 등 각 고객의 상황에 대한 이해를 통해 알맞은 대응을 하는 것이 무엇보다 중요하다.

　원래 판매보다 더 어렵고 중요한 일이 고객 관리 및 대응이다. 오프라인에 비해 온라인은 특히 고객 관리가 구매와 바로 연결되기 때문에 더욱더 긴밀하게 운영을 해야만 매출에 큰 타격을 입지 않는다.

품질관리로
리스크를
사전에 방지하라

    상품을 준비하고 고객에게 판매하여 배송되는 과정 속에는 수많은 법규의 점검들이 숨겨져 있다. 실제 운영을 하는 데 있어서 이러한 리스크를 사전에 방지하고 상품의 품질관리를 전문적으로 하는 사람이 바로 QC Quality Control 담당이다. 주로 품질과 관련된 리스크 또는 판매 및 준비 과정에서 벌어질 수 있는 리스크들을 검토한다. 이제 막 브랜드를 론칭해 규모가 크지 않을 때에는 전담 인력을 별도로 가지고 갈 여유가 없겠지만 QC의 역할에 대해서는 파악을 하고 있어야 작은 사고에서부터 큰 사고까지 방지가 가능하다. 조직마다 규모에 따라 QC의 기능을 세분화하기도 한다.

품질관리는 어디까지 해야 할까

QC는 단어 그대로 제품의 품질을 유지 또는 향상시킴을 의미한다. 생산 방식에 대한 고민을 시작으로 상품이 출고되는 마지막 단계의 검수까지 광범위한 분야에서 일을 수행한다. 단순히 상품의 품질만 관리한다기보다 브랜드나 회사 조직, 제품과 서비스의 일관성을 보장하는 데 중점을 둔다(조직마다 QC를 지칭하는 명칭이 다를 수 있기 때문에 여기서는 QC의 역할에 대한 이해만 가져가기를 바란다).

QC는 상품의 생산 과정을 잘 파악하고 있어야 하기 때문에 상품 개발 부분과도 밀접하게 관련되어 있다. 브랜드 담당자나 상품 개발 담당자가 제조사를 선정했다고 해도 브랜드 차원의 리스크가 없는지 점검을 해야 한다. 제조사 자체가 서류나 시설 등 품질관리 측면에서 미흡한 부분이 있거나 위생법을 위반하는 경우도 있기 때문에 가능하면 생산에 들어가기 전에 실사 진행을 하는 것이 좋다. 특히 식품 분야의 경우는 매우 엄격하게 QC 진행을 해야 한다. 품질 관련 리스크가 브랜드에 미치는 파급력이 다른 분야에 비해 상당히 크기 때문이다. 고객 불만족에 이어 생산을 못 하게 되는 사태까지 발생할 수 있다. 주로 대형 유통사에 납품을 할 때는 안전한 상품 유통을 위해 실사를 협의하는 과정에서 불시 점검을 하기도 한다.

또한 물리적인 조건 외 실제 생산 과정에서 문제의 소지가 없었는지에 대한 점검이 필요하고 문제없이 생산 및 출고가 되는지에 대한 점검 또한 제조사나 상품을 공급받는 쪽에서 실시해야 한다.

직접 제조사에 방문해보라

상품 품질에 관해서는 제조사와 브랜드 간의 입장 차가 존재한다. 제조사는 '고객 입장에서 이 정도면 괜찮지 않을까' 하고 생각하는 반면 브랜드는 상품 하나를 만들기 위해 기획부터 디자인까지 많은 공을 들였기 때문에 바라보는 관점이 더 엄격할 수밖에 없다. 그렇다 보니 검수하는 과정에서 적용 가이드를 설정해야 서로 간의 커뮤니케이션이 더 용이하다.

커뮤니케이션에는 여러 방법이 있지만 생산 초기라면 직접 제조사를 방문해 전체 가이드라인을 잡아주는 것이 가장 좋다. 우리 브랜드의 생산 스케줄이 있는 날, 제조사를 방문해 생산되는 과정을 보고, 포장 과정을 거친 후 나온 상품에 대해 하나하나 살펴보는 것이다. 이때 브랜드 측에서 세팅한 QC가 정확하게 잘 운영되고 있는지 점검해야 한다. 가끔은 생산 과정 중 상품에 대한 검수 가이드가 현장까지 자세하게 전해지지 않을 때도 있기 때문이다. 제조사 내에도 영업 담당자, 공장 관계자, 작업자 등 여러 단계가 있기 때문에 생산 초기에는 현장을 직접 가서 보고 그들과 이야기 나누는 방법을 추천한다. 그렇게 열의를 보여야 작업하시는 분들도 조금은 신경 써서 생산에 임하지 않을까 생각한다.

협의가 됐다고 끝이 아니다. 상품이 배송되어 물류로 들어오거나 별도로 입고됐을 때 포장 상태 등의 검수 과정도 반드시 필요하다. 깨지거나 터지는 등 배송 과정에서 상품에 하자가 생길 수 있기 때문에 이런 검수 과정을 거쳐야 고객에게 올바른 상품이 전달된다. 그렇지 않으면 배송 중 문제가 발생해 고객 클레임까지 이어질 수 있다.

전체 상품에 대한 검수는 정기적으로 실시하는 것이 좋다. 물류에 입고된 재고 중 랜덤으로 제품을 가지고 와 살펴보는 것이다. 이렇게 직접 검수를 하다 보면 이미 생산된 상품이라 할지라도 더 개선이 필요한 부분들을 발견할 수 있다.

매출만큼 중요한
온라인 광고법
바로 알기

브랜드는 온라인상에 노출되는 모든 이미지와 콘텐츠를 포함해 고객과 커뮤니케이션하는 전체적인 부분들에 대한 검수도 필수적으로 해야 한다. 오프라인 환경에서의 판매보다 온라인은 법규에서 더 많은 제약을 받는다. 우리나라 온라인 광고에 대한 법규는 상품군에 따라 약간의 차이는 있지만 전체적으로 상당히 까다로운 편이다. 법규를 지키지 않고 위법으로 브랜드를 운영하는 곳들도 심심찮게 발견되는데, 법규를 지키지 않아 적발되면 시정 조치를 받거나 심한 경우 영업 정지를 당하기도 한다. 그러므로 온라인 광고법을 잘 이해하고 준수해 사업 운영에 차질이 없도록 해야 한다.

온라인 광고법의 종류

온라인 광고법의 종류는 매우 다양하다. 이러한 법규가 존재하는 이유는 명확하다. 잘못된 정보와 과장 광고로 발생하는 소비자 피해를 방지하기 위해서다. 실제와 다르거나 지나치게 부풀려서 제품 정보를 제공했을 경우, 합리적인 판매 행위를 하지 않았을 경우, 노출한 이미지 및 콘텐츠를 통해 고객이 내용을 잘못 이해하게 한 경우 모두 법규 위반에 해당한다. 보통 거짓 광고, 과장 광고, 기만 광고, 비방 광고 등으로 종류가 나뉜다.

광고법의 영향을 받는 영역은 꽤 다양한데 그중에서도 더 면밀하게 신경 써야 하는 영역이 있다. 건강기능식품, 식품, 의약품 및 의약외품, 화장품 같은 분야들이 바로 그렇다. 최근에 '먹는 콜라겐'을 출시한 다수의 회사들이 허위 및 과대 광고로 적발됐다고 한다. 우리나라 최대 화장품 기업이 선보인 마시는 콜라겐 제품도 '매일의 촉촉하고 생기 있는 하루', '매일 저녁 섭취할 것을 추천' 등 건강기능식품으로 오인할 수 있는 문구를 표시해 적발됐다. 화장품 분야의 경우 기능성 화장품으로 심사를 받지 않았는데 기능성에 대한 내용을 강조해서 판매하면 이 또한 법규에 어긋난다. 또한 상품에 대한 암시적 및 은유적 표현, 뜻이 불분명하고 모호하며 과학적 근거가 없는 경우도 과대 광고에 해당된다.

광고 구좌를 통해 마케팅을 할 때면 클릭률을 높이기 위해 자극적인 콘텐츠로 제작을 많이 하곤 한다. 그렇다고 할인율 혹은 가격을 다르게 표기하면 이는 거짓 광고에 속한다. 배너에 쓰인 가격에 끌려 클릭을 했는데 정작 연결된 페이지로 넘어가 구매하려고 보니 가격이 다를 경우들이 바로 이에 해당한다. 기만적인 광고는 소비자에게 알려야 하는 중요한 사실이나 정보를 은폐·축소하는 방법으로 표현하는 광고를 이야기한다. 예를 들어 광고를 클릭하면 개인정보 수집 및 경품 이벤트 페이지로 연결되도록 한 후 이벤트 페이지에 쿠폰을 증정한다는 내용만을 크게 표시하고 최하단에 아주 작은 크기로 개인정보 수집 조건을 써놓은 광고들이 이에 해당된다.

표시 광고법에 해당되는 금지어

제품 소개나 상세페이지 등에서 차별화 포인트를 지나치게 강조하다 보면 고객 입장에서는 가끔씩 오해가 발생하기도 한다. 브랜드 입장에서는 크게 과장된 표현이 아니라고 생각했는데 자칫 표시 광고법을 위반하는 일이 벌어지곤 하는 것이다. 그러므로 온라인에 올라가는 모든 내용은 일단 검수를 거쳐 관련 리스크를 줄여야 한다.

특히 식품 브랜드라면 더욱 용어 사용에 주의를 기울여야 한다. 예를 들어 성분의 함량을 표현할 때 'Low'나 'Light'와 같은 표현들은 사용하는 데 한계가 있다. 그러다 보니 자연스럽게 경쟁사 제품과의 비교 내용을 기재하게 되는데, 이는 비교 광고법 위반에 해당된다. 'Low'와 'High' 같은 표현을 굳이 사용하고 싶다면 자체 브랜드 상품과 비교하는 것만 가능하다. 하지만 같은 브랜드끼리 비교를 하게 되면 카니발 현상(동종 브랜드의 제품이 서로를 잡아먹는 현상)을 우려하지 않을 수 없다. 결국 상품을 비교한다는 것은 어느 한쪽이 다른 쪽보다 품질이 떨어진다는 의미이기 때문이다. 그 외 천연, 친환경, 무無, 저低, 유기농, 생분해성, 고효율, 재활용 가능, 그린, 웰빙, 재생자원 사용, 재활용물질 함유 등에 대한 표현 역시 주의가 필요한 문구들이다. 이런 문구들은 사실에 근거한, 관련 연구 자료와 서류가 존재할 때만 사용이 가능하다.

이처럼 상품의 차별점을 담은 콘텐츠를 제작하려면 무수히 많은 제약들에 부딪치게 된다. 그러므로 QC 측은 항상 리스크 방지 차원에서 보수적으로 접근할 필요가 있다.

고객 후기에도 제약이 있다

고객들이 자발적으로 작성한 후기 내용에도 효과나 효능에 대한 표현이 포함되어 있으면 안 된다. 다른 고객이 보고 설득이 될 만한 효과와 효능 관련 표현을 그대로 놔두는 것도 광고법에 위반되는 행위다. 고객의 후기 역시도 구매를 유도하는 홍보 활동이라고 판단하기 때문이다. 자칫 생각해보면 브랜드 입장에서는 상품의 후기일 뿐이고 자발적으로 고객이 작성한 것인데 뭐가 문제냐고 생각한다. 하지만 소비자 입장에서는 오해할 수 있는 부분이 존재한다. 경쟁사가 눈독을 들이다가 나쁜 마음을 갖고 신고를 하면 일이 번거로워지므로 관련 금지어는 자동으로 노출이 되지 않도록 사이트 내에서 조치를 취해 관리해야 한다.

고객 후기와 관련된 또 다른 부분은 고객의 SNS 계정이다. 개인 SNS 계정을 당사자의 허락 없이 광고에 활용하는 부분에도 주의가 필요하다. 메시지를 보내 동의를 구하기만 하면 문제가 없으니 번거롭다고 생각하지 말고 무조건 허락을 먼저 구하자. 또한 SNS에 좋은 후기만 있을 수는 없다. 오늘날 고객들은 상품이나 브랜드에 불만이 생기면 이를 브랜드 공식 채널이 아닌 다른 곳에도 많이 올리곤 한다. 상품이 판매되는 플랫폼뿐 아니라 브랜드 SNS 공식 계정, 개인 SNS 계정이나 활동하는 커뮤니티 카페 등 해당 내용을 퍼트리는 범위가 무척 넓어졌다. 그러므로 모니터링은 결코 고객센터 담당자만의 몫이 아님을 기억해야 할 것이다. 마케터들 역시 디지털 환경에서 고객 관련 대응에서 자유로울 수 없다.

고객 대응이
곧
영업이다

상품이나 서비스에 불만족을 느낀 고객 중 통상적으로 4퍼센트만 실제로 브랜드 측에 건의를 한다고 한다. 96퍼센트의 고객들은 조용히 넘어가는 태도를 취하고 이 중 90퍼센트는 재구매를 하지 않는다고 한다. 물론 상품에 따라 비중 차이는 있겠지만 이 같은 수치가 주는 시사점은 분명하다. 불만족시 자신의 목소리를 내는 고객이 그 정도로 적다는 이야기다. 비용을 들여 일부러 설문조사를 통해 고객의 목소리를 듣기도 하는데, 그런 의미에서 고객 클레임은 무료로 얻을 수 있는 고객의 소리니 소중한 정보가 아닐 수 없다. 브랜드를 만들고 판매에 많은 집중을 하느라 많은 기업들이 고객 문의 또는 응대에 많은 관심을 두지 않곤 한다. 특히 브랜드를 처음 만드는 사람들과 대화를 나누다 보면 이런 부분을 놓치는 경우가 많다. 상품을 준비하고 어떻게 판매할지에 대한 고민만큼이나 상품을 판매하는 과정과 판매 후의 고객 관리 역시 중요한 부분이다. 고객 관리가 잘 이루어지려면 본질적으로 고객 중심의 사고를 할 필요가 있다.

적절한 고객 대응은 구매로 연결된다

상품을 만들어 마케팅을 하고 판매하는 과정도 중요하지만 더욱더 중요한 것은 상품이 고객에게 도달해서 잘 사용되기까지의 과정이다. 아무리 상품이 좋아도 이 과정에 만족도가 없으면 재구매는 일어나지 않는다. 한 번 구매한 고객이 구매 과정 전체에 만족하여 지속적으로 구매하게끔 하는 것이 고객 관리의 핵심이다. VOC Voice of Customer 즉, 고객의 목소리를 바탕으로 개선해야 할 부분들을 적용해야 하는 것이다. 고객의 목소리를 듣고 그들에게 닥친 문제점을 해결해주는 과정이 만족스러워야 매출이 잘 유지될 수 있다.

온라인 환경에서의 브랜드들은 오프라인에 비해서 다양한 경로로 고객의 목소리를 수집할 수 있다. 공식몰과 그 외 플랫폼들에 올라오는 후기, SNS 채널에서 브랜드 계정을 운영하고 있다면 피드에 달린 댓글과 DM, 인스타그램이라면 브랜드 네이밍으로 올라온 해시태그와 관련 후기, 전화를 통한 공식 커뮤니케이션 및 설문조사 등 다양하다. 이러한 다양한 채널을 통해 수집된 고객의 목소리는 반드시 꼼꼼하게 트래킹되어야만 한다. 각 채널별로 고객 후기 수집 및 분석을 하는 담당자가 정해져 있다면 더욱 좋다. 한편 고객으로부터 후기가 올라오기만을 기다리기보다 가끔은 피드백을 찾아서 받기도 해야 한다. 그 찾아서 받는 방식, 즉 문자나 전화를 통한 만족도 조사가 흔히 이야기하는 '해피콜'이다. 타이밍과 필요에 따라 해피콜을 실시해서 더 커다란 리스크를 방지하는 경우도 있다.

과거 고객 대응 운영팀을 관리할 당시 관리자한테 이러한 이야기를 한 적이 있다. 고객이 전화로 상품 문의를 해와서 고객의 니즈에 맞게 상품을 추천해줬고, 고객이 그대로 구매까지 완료했다고 가정해보자. 이렇게 구매까지 하게 만들었다면 이는 고객 대응팀이 영업 역할까지 하게 된 셈이다. 만약 고객이 어떤 상품을 구매해야 할지 몰라서 고객센터로 전화를 걸어 상품 추천을 의뢰했다고 해보자. 요즘은 온라인에서 상품 탐색을 하는 고객들이 많지만 연령대가 높아서 혹은 정보에 대한 명확성이 떨어져서 문의를 직접 주는 고객들도 종종 있다. 이런 문의가 너무 자주 온다면 1차적으로 사이트 내 어떤 상품을 구매해야 하는지에 대한 내비게이션 역할을 제대로 못 하고 있는 것은 아닌지 생각해볼 필요가 있다. 만약 그런 상황이 아니라면 웹 사이트 이용이 다소 어려운 연령대인지 등을 감안하여 고객이 어떤 목적으로 해당 상품을 구입하고자 하는지를 확인하자. 그런 다음 일반적으로 판매가 잘 되는 상품, 고객에게 적합할 것이라고 생각되는 제품을 추천하면, 애초에 구매를 하고자 전화한 것이기 때문에 그 고객은 웬만하면 구매까지 하게 된다(물론 정보만 얻고 구매를 하지 않는 고객들도 종종 있지만 대부분의 경우 구매로 이어지는 편이다). 이처럼 고객 대응은 만족스럽지 않으면 고객을 떠나보내기도 하지만 반대로 만족스러울 때는 브랜드의 재방문을 유도하는 역할을 하기 때문에 매우 중요하다.

브랜드 톤앤매너에 맞는 고객 응대 매뉴얼

브랜드를 운영할 때는 고객의 모든 목소리가 기본적으로 다 모니터링이 되어야 한다. 방법에 대한 부분은 다를 수 있지만 기본적으로 어떤 이유로 어떤 문의가 들어왔는지 내용을 간단하게라도 기록해두는 것이 좋다. 보통 성별, 연령, 거주지에 따라서 혹은 문의 내용에 따라서 유형별로 나누곤 한다. 유형별로 정리된 내용을 보고 개선점을 도출해 관리 실행에 옮기는 것이 가장 바람직하다.

영업만큼 중요한 고객 관리 커뮤니케이션이 가능하려면 고객 응대 매뉴얼이 필수적이다. 응대 매뉴얼은 정확한 사실을 전달해야 하는 경우가 많기 때문에 가장 객관적인 내용으로 구성해야 하고 다소 친근감 있게 내용 정리가 되면 좋다. 매뉴얼이 없으면 응대하는 사람의 성향에 따라 또는 말투에 따라 방식이 달라지기 때문에 전달해야 하는 내용 일부가 누락되기도 하고 잘못 전달이 되는 경우도 종종 있다. 그러므로 매뉴얼을 만들 때는 여러 가지 상황에서 나올 법한 질문들을 정리해보고 그에 맞는 대답을 공식적으로 작성해서 공유하는 것이 좋다. 최근에는 전화를 통한 응대보다 메신저를 통한 고객 응대가 늘어나는 추세고 아예 전화 상담을 운영하지 않는 회사들도 많다. 클레임이 아닌 경우 상당수 이상은 유사한 질문이 많다. 그러므로 자주 들어오는 질문들은 유형을 분류해서 각각의 대답들을 매뉴얼 형식에 맞게 판매 채널에 등록해줘야 한다.

고객센터 운영 방식

고객센터를 운영하는 방식에도 여러 종류가 있다. 콜센터라고 불리는 고객 응대 업무 전체를 아웃소싱Outsourcing 주는 회사도 있고 직접 내부에서 운영하는 회사도 있다. 브랜드의 규모나 상황에 따라 각각 장단점이 분명한데 브랜드의 규모가 작고 초기라면 내부에서 직접 챙기는 것이 맞다. 외주로 운영하는 경우는 인력에 대한 관리가 필요 없지만 응대 과정에서 브랜드 소속 직원들만큼 브랜드 또는 상품에 대한 자세한 설명과 관리에 한계가 존재한다.

고객센터는 전화, 온라인 댓글, 메신저 등 다양한 방법으로 운영이 된다. 최근에는 온라인 댓글보다 메신저 형태가 많이 늘어난 편이다. 전화는 상담원이 다 통화 중이거나 문의가 몰리는 시간에 연결이 안 되는 불편함이 있어 간단한 문의는 보통 메신저로 들어오는 경우가 많다.

전화 상담을 선호하는 시간대는 비슷하고 클레임은 언제든 몰릴 수 있기 때문에 최근에는 간편한 자동 응대에 대한 선호가 높아지고 있다. 특히 밀레니얼 세대는 챗봇과 같은 메신저 방식의 고객 대응을 가장 선호한다고 한다. 그러다 보니 서포트봇과 같은 형태가 일반 상담의 80퍼센트를 차지하기도 한다. 일반 상품에 대해 미리 질문을 설정하여 자동 응대가 가능하게끔 하면 인건비를 절약할 수 있을 뿐만 아니라 상담 효율도 높일 수 있다. 조사에 따르면 메신저 상담의 효율이 전화 상담 대비 일곱 배 더 높다고 한다. 한마디로 더 많은 고객을 응대할 수 있는 것이다. 장바구니 상품 수, 로그인 유무, 방문 페이지 등 다양한 옵션에 따른 타기팅도 가능하다. 고객센터의 운영 방식도 기술이 개발됨에 따라 또는 고객의 사용 편의성에 따라 점차 진화하고 있다.

고객의
목소리에는
유형별로 대응하라

브랜드에는 하루에도 수십, 수백 건의 다양한 종류의 고객 문의가 들어오곤 한다. 개중에는 당연히 해결하고 처리해줘야 하는 심각한 문제도 있지만 간혹 그렇지 않은 것들도 있다. 한마디로 처리하지 않아도 되는 문제 즉, 고객의 불만족으로 이어지지는 않지만 충족될수록 고객이 더 만족하거나 기분이 좋을 법한 내용도 있는 것이다. 산업 분야마다 이 비중에는 다소 차이가 있다. 여기서 그 각각의 내용에 대해 한번 살펴보자.

상품 자체에 대한 문의

가장 일반적인 것은 상품 자체에 대한 클레임이다. 검수가 충분히 이루어졌다면 발생하지 않아야 할 고객 문의 중 하나다. 옷에 이물질이 묻었다거나 주문한 식품이 상했다거나 하는 케이스를 말한다. 사실상 강도가 가장 강한 고객 대응에 속한다. 가장 빠르게 대응이 필요한 부분이고, 사실 확인 과정을 거쳐 브랜드 측 잘못이라면 진심 어린 사과와 함께 그에 상응하는 보상이 마땅히 전달되어야 한다.

이러한 클레임 외에도 브랜드가 해결해줘야 하는 기본적인 고객 건의 사항들이 있다. 주문한 상품이 누락되어 배송됐거나 택배 사고로 상품이 파손되어 배송이 된 경우들이 그것이다. 이런 경우에는 물류 측과 커뮤니케이션을 하거나 택배사와 연락하여 빠르게 문제점을 개선해 소비자의 불편을 최소화해야 한다.

상품 정보에 대한 문의도 고객 응대에서 많은 부분을 차지한다. 만약 상세페이지에 상품의 크기, 재질, 구성, 양 등에 대한 설명이 명확히 기재되어 있지 않으면 문의가 많이 들어올 수밖에 없다. 가격과 수량에 대한 설명이 명확하지 않을 때도 문의가 많이 들어온다. 썸네일 이미지에는 상품 두 개를 올려두었는데 가격은 한 개에 얼마라고 나와 있다면 상품 하나를 말하는 것인지 두 개가 한 세트라는 말인지 고객은 헷갈릴 수 있다. 이처럼 같은 내용의 상품 문의가 유달리 많이 들어온다면 상세페이지를 수정해서 이에 대한 설명을 정확히 해주어야 고객의 불편을 개선할 수 있다.

사용 중 발생하는 불편함

브랜드의 제품이나 서비스를 이용하는 과정에서 불편함을 느껴 고객이 문의를 하는 경우도 있다. 결제가 안 되거나 쿠폰 또는 적립금 적용이 안 되는 사례들이 여기에 속한다. 행사나 프로모션을 진행할 때 해당 내용이 잘 이해가 안 돼 문의를 하는 경우도 많다. 그래서 항상 프로모션이나 이벤트 기획안을 점검할 때는 고객이 봤을 때 한번에 이해가 되는지, 설명에 헷갈리는 부분은 없는지 등을 잘 살펴봐야 한다. 직관적으로 이해가 되는 이벤트 페이지와 그렇지 않은 이벤트 페이지는 고객 문의에서부터 굉장히 차이가 많이 난다. 이는 기획을 담당하는 MD가 소비자에게 명확하게 정보를 전달하지 못해 고객 관리 담당자한테 피해를 끼친 것이나 다름이 없다. 이벤트 자체가 후킹이 되고 행사에 대한 관심도도 높고 참여율도 좋은데 그 과정에 있어서 문의가 많다면 행사 참여가 끝까지 이어지기 어렵다. 이러한 상황을 방지하려면 고객센터에서도 공지 팝업을 띄우거나 정보용 배너를 삽입할 수도 있도록 만들어놓아야 한다. 그렇게 되면 고객 문의가 훨씬 줄어들 수 있다.

사이트 편의성 측면에서의 불편함을 호소하는 유형도 여기에 포함된다. 앞서 UI의 중요성에 대해 여러 번 강조한 바 있는데, UI가 불편하면 그에 대한 사용 문의가 고객센터까지 부담을 주게 된다. 단순히 결제 과정에 불편함이 있는 정도라면 내부에서 결제 과정을 테스트해보고 문제 사항을 개선하면 쉽게 해결 가능하다. 이보다 더 심각한 것은 바로 시스템 자체에서 문제가 발생했을 때다. 온라인 환경에서 24시간 오픈이 되어 있다 보니 시스템 오류도 심심치 않게 발생하는 문제 중 하나다. 사실상 시스템이 다운되거나 페이지의 일부 영역이 일시적으로 보이지 않거나 결제가 진행되지 않은 경우는 그 시간만큼의 매출 손실이 발생하는 것이기 때문에 굉장히 리스크가 크다고 볼 수 있다.

예를 들면 메인페이지에서 흔히 볼 수 있는 썸네일 이미지들이 오류로 인해 갑자기 보이지 않게 됐다고 하자. 그러면 고객이 사이트에 들어온다 한들 구매하기 어려울 것이다. 또는 고객이 장바구니에 상품을 담고 결제하는 과정에서 오류가 발생하기도 한다. 전자의 경우라면, 사이트가 복구됐을 때 고객에게 이를 공지하고 불편을 겪게 한 것에 대한 보상을 적립금과 같은 형태로 주면 좋다. 후자의 경우는 양해를 구하고 결제를 직접 도와주는 방법으로 고객 응대를 하는 것이 맞다.

상품 후기가 주는 인사이트

마지막으로 상품 후기 즉, 상품에 대한 피드백이 있다. 상품 후기가 하는 역할은 매우 큰데, 구매를 고민하는 고객을 자극해 끌어들이기도 하고 때로는 브랜드가 나아가야 할 방향에 인사이트를 주는 중요한 역할을 하기도 한다. 후기의 중요성이 이렇게 크다 보니 '언더마케팅'이라고 부르는, 비용을 주고 가짜로 좋은 후기를 억지로 쌓는 브랜드들도 있다. 한 번 정도는 그런 방법으로 구매를 유도할 수는 있겠지만 상품과 서비스가 불만족스럽다면 어차피 지속적인 매출로 이어지기는 힘들다. 장기적으로 봤을 때는 고객들이 자발적으로 좋은 후기를 올릴 수 있도록 노력과 개선을 하는 편이 바람직하다. 보통 적립금을 지급하는 방식으로 후기 작성을 유도하곤 한다.

오늘날 온라인 구매에 익숙해진 고객들은 후기 댓글을 꽤 상세하게 작성하는 편이다. 상품이 맘에 들든 그렇지 않든 다른 사람이 물건을 살 때 꼭 참고해줬으면 좋겠다는 입장이다. 후기를 남기는 방식도 상품에 대한 부분, 배송에 대한 부분, 포장 상태에 대한 부분 등으로 세분화되고 있다. 그래서 평이 좋은 후기는 비용을 들여서 마케팅하는 것 이상의 효과를 얻을 수 있다.

판매 채널에 따라
달라지는
고객 서비스 방법

공식몰에서 판매하느냐 다른 입점 플랫폼에서 판매하느냐에 따라 가격 및 마케팅 전략이 차이 나는 것처럼 고객 서비스 역시 달라질 수밖에 없다. 심지어 고객조차 공식몰 고객이냐 플랫폼 고객이냐에 따라 성향이 다르고, 그러다 보니 브랜드가 중점을 두고 관리해야 하는 부분도 다르다. 공식몰을 이용하는 고객들은 기본적으로 브랜드에 대한 이해도가 있고 브랜드 로열티가 있는 사람들이다. 이미 브랜드에 대한 충성도가 있기 때문에 고객 관리만 잘 진행되면 외부적인 요인이 발생하지 않는 이상 이탈하는 경우가 잘 없다. 하지만 외부 플랫폼에서 구매한 사람은 브랜드 경험이 부족하고 가격 민감성이 더 높으며 항상 여러 가지 옵션에 노출되기 때문에 이탈하는 경우가 많다.

공식몰 고객을 대응할 때는

자사 공식몰에서 구매한 고객은 기본적인 고객 정보와 과거 구매 이력 등을 볼 수 있기 때문에 상대적으로 대응하기가 쉬운 편이다. 과거에 어떤 상품을 구매해서 어떤 불만이 있었는지에 대한 히스토리를 직원이 알 수 있어서 소위 일컫는 '블랙컨슈머'를 구분하기에도 용이하다. 고객이 불만 사항이 있어 문의를 하게 됐을 때 "네, 고객님. 어떤 상품을 언제 구매해주셨네요"라고 응대가 시작되면 고객은 설명하는 과정의 불편함을 덜 수 있고 상황을 미리 알고 대응을 해준다는 점에서 어느 정도 기분이 풀리기도 한다. 만약 구매 이력이 많고 로열티가 높은 고객이라면 더더욱 그 상황에 맞춰서 응대를 해줘야 한다.

공식몰에는 고객의 불만족 사항을 보상하면서 동시에 다음 구매로 이어지게 할 수 있는 다양한 방법들이 존재한다. 브랜드의 실수로 불만족 사안이 발생했다면 고객에게 사과를 하며 사은품이나 추가 상품을 증정할 수도 있다. 기본적으로 브랜드 측의 실수가 명확하다면 적립금보다는 신제품 또는 증정품 제공을 기준으로 해두는 편이 좋다. 증정으로 받은 상품에 만족을 느끼고 다시 돌아오는 경우가 많기 때문이다. 브랜드에 실망한 고객에게는 언제 다시 사용할 보장이 없는 적립금보다 새로운 상품이 재구매 확률을 높인다.

직접 응대하기 어려운 고객들

입점 플랫폼을 통해 유입된 고객은 구매 이력을 바로 보기에 제약이 있다. 브랜드 측에서 직접 상품을 배송하는 경우라면 송장을 통해 개인 구매 정보를 알아볼 수는 있지만 공식몰 회원이 아니다 보니 적립금이나 할인 쿠폰 지급에 한계가 존재한다. 그렇다고 화가 잔뜩 난 고객한테 적립금 및 할인 쿠폰을 줄 테니 공식몰에 가입을 하라고 할 수도 없는 노릇이다. 아마 고객은 앞으로 구매할 일도 없는데 왜 가입을 해야 하느냐며 어처구니없어 할 것이 뻔하다. 브랜드 입장에서는 이중으로 택배 비용이 발생하니 사은품이나 추가 상품을 더 주기도 어려운 상황이다. 브랜드 측에서 출고가 되는 오픈마켓 형태에서의 판매 케이스라면 가능할지도 모르겠다. 하지만 사입 형태의 플랫폼의 경우는 이미 상품을 입고한 상태에서 고객에게 배송하는 것이기 때문에 브랜드 측에서 직접 고객 대응을 하기가 어렵다. 이렇듯 대응 방법의 한계가 존재하기 때문에 타 플랫폼에 올라오는 후기 모니터링은 더 철저하게 실시간으로 운영되어야 한다.

한편으로는 브랜드 공식몰을 이용해주는 사람들이 좀 더 충성 고객에 가깝기 때문에 혜택 측면에서는 공식몰 이용 고객을 우선하는 것이 맞다. 하지만 브랜드 입장에서는 공식몰을 통해 구입한 고객과 플랫폼을 통해 구매한 고객 모두 동일한 상품을 구매한 것이므로 같은 의미가 있음을 잊지 말아야 한다.

채널에 따라 클레임 해결 방식도 달라진다

때로는 입점돼 있는 플랫폼 구매 고객을 위해 우선적으로 상품을 출고시켜야 하는 상황이 오기도 한다. 플랫폼에 따라 약속한 배송일보다 늦어지면 경고를 주거나 심한 경우 패널티를 물리는 곳들도 있기 때문이다. 만약 배송 문제로 고객 클레임이 다수 발생하면 다음 행사에 포함시키지 않거나 강제 품절 처리가 되기도 한다. 물론 플랫폼들도 해당 고객과의 약속을 지키기 위해 이런 제도들을 마련한 것이다. 그러다 보니 브랜드 입장에서는 플랫폼 통해 구매한 고객에 대한 우선 출고를 고려하는 상황이 오기도 한다.

단품으로 등록해서 판매하는 경우라면 문제가 그리 크지 않을 수도 있지만 묶음 구성이나 기획 상품이라면 그 안에 포함된 상품이 품절되면 단품 매출뿐 아니라 그 외 상품들의 매출까지 빠져버리기 때문에 더 타격이 클 수밖에 없다. 공식몰의 경우라면 단품부터 품절을 실시하고 묶음 판매 건들에 대해서는 대체 상품을 출고한 후 고객 아웃바운드를 실시하기도 한다. 이때 비슷한 종류인데 약간 더 비싼 상품을 대체해서 출고한다고 하면 마다할 고객은 그리 많지 않다. 물론 일방적으로 대체 출고를 하기 앞서 문자나 전화로 사유를 알리고 그에 대한 사과를 하면 더 좋을 것이다.

타 플랫폼에 사입이 된 경우라면 대체 상품을 교체해서 진행하는 식의 유동성이 많이 떨어진다. 이에 대해서는 그런 일이 벌어지지 않도록 예방하는 것이 최선이다. MD와 행사 진행 시에 소진될 예상 물량에 대해 논의하고 미리 준비해두는 것이다. 행여나 진행 중인 행사 관련 상품이 품절되고, 이에 대한 고객 건의 댓글이 발생하면 그날의 매출 결과치가 상당히 달라지기 때문에, 문제 상황이 발생하지 않도록 MD에게 타이트한 모니터링과 대응을 요청해야 한다.

브랜드 운영은 공식몰을 중심으로 하면서도 고객 클레임 대처 과정에서는 공식몰을 중심으로 진행하지 않는 브랜드들을 많이 본다. 그러나 고객 관리 측면에서 장기적으로 충성 고객을 확보하기 위해서라도 브랜드 관점에서 공식몰 운영을 추천하는 바다. 그만큼 고객에 대한 정보를 바탕으로 더 면밀한 고객 관리가 가능해지기 때문이다.

클레임에 대한
효과적인
대처법

온라인으로 물건을 자주 구매해본 사람이라면 누구나 한번쯤은 고객센터를 통해 클레임을 제기한 경험이 있을 것이다. 그때 브랜드의 대처는 만족스러웠는가? 만족스럽게 해결되어 해당 브랜드 제품을 계속 구매했는지 혹은 불만족스러워 결국 그 브랜드를 더 이상 이용하지 않게 됐는지 스스로의 경험을 떠올려보자. 브랜드 입장에서 얼마나 고객 대응이 중요한지 깨달을 수 있을 것이다. 결국 그 대응에 대한 결과로 고객을 충성 고객으로 만들 수 있는지 아닌지가 판가름 난다.

고객의 클레임은 산업 분야에 따라 그 내용과 종류에서 차이가 있다. 그래서 고객 응대 업무를 수행하는 직원들도 전문성에 따라 나뉜다. 소비재 업계 내에서도 클레임의 내용과 비중, 직원의 응대 경험에 따라 운영이 달라지기도 한다. 식품의 경우는 다른 산업군에 비해 고객의 클레임 강도가 높아 그에 대한 대처가 굉장히 중요하다. 아무래도 취급하는 상품이 먹는 것이다 보니 예민할 수밖에 없다. 식품 분야에서 고객 관리 직원을 뽑을 때는 해당 분야에 대한 경험이 있는지 여부가 매우 중요하다. 다른 산업군과 응대 내용에서 차이가 크기 때문에 식품 분야에 대한 경험이 없다면 적응 시간이 오래 걸리는 편이다. 영업만큼이나 중요한 것이 바로 고객 관리다. 인력을 영입할 때는 신중한 고민이 필요하다.

선제적 대응이 중요하다

클레임의 종류는 상품 자체에 대한 내용, 배송 과정에 대한 내용, 취소 및 환불, 반품, 그 외 행사 및 프로모션 사용에 관한 내용으로 나뉜다. 이 중 배송과 관련된 문의는 상품 누락, 오포장, 파손 등이 있다. 특정 문의가 몇 회 이상 계속된다면 분명 무엇인가 잘못됐다는 뜻이다. 사람마다 기준이 다르겠지만, 나 같은 경우 세 차례 이상 동일한 문의 사항이 들어왔을 때는 별도로 즉시 처리한다는 매뉴얼을 만들어두는 편이다. 확인해보면 거의 대부분이 생산 과정에서의 문제나 포장, 배송 과정 중에 문제가 발생한 경우였다. 이처럼 같은 고객 클레임이 세 차례 이상 발생하면, 추가 클레임이 들어오기 전에 빠르게 원인 파악을 하는 것이 중요하다. 클레임이 다수 발생하기 전에 선제적으로 대응해야 하는 것이다. 앞에 설명한 해피콜이 선제적으로 만족도 조사를 위한 것이었다면, 이번 경우는 해결에 중점을 두고 진행을 하게 된다. 하지만 문제가 발생한 상품이 극히 일부일 확률도 있기 때문에 해피콜을 실시하기 어려울 정도의 고객 수라면 문자를 활용하는 것도 방법이다. 이때 해당 제품에 발생한 문제를 알리고 어떻게 하겠다라는 해결책을 제안하는 내용이 함께 전달되어야 한다. 만약 상품이 식품이고 식품 자체에 문제가 생겼다면 폐기를 권고하거나 교환해주는 방식으로 진행하면 된다.

만약 이상이 있는 상품에 대해 고객이 문제 제기를 하면, 제품의 정확한 점검을 위해 고객에게 물건을 돌려받을 필요가 있다. 물건을 받은 후 하자 부분이 확인되면 제조사와 커뮤니케이션이 필요하다. 만약 하자에 대해 제조사 과실이 인정되면 클레임 관련 비용을 제조사와 논의하여 결정할 수 있다. 배송에 대한 실책이 물류센터나 택배사에 있을 때에도 비용에 대한 서로 간의 협의가 필요하다. 더러 식품의 경우는 고객이 상품을 먹다가 병원 치료를 받는 일도 생긴다. 만약 상품 생산 과정에서의 원인이 명확하다면 치료에 대한 보상 역시도 제조사에서 지원하는 것이 일반적이다.

강성 고객을 대응할 때는

고객의 유형도 다양하고 그에 맞춰 대응도 달라야 하지만, 때때로 당황스러운 요구를 하는 고객들도 많다. 공식몰에 사과문을 올려 달라는 사람도 있고, 신고를 하거나 기사화하겠다고 협박을 하는 사람도 있고, SNS 채널에 유포하겠다거나 거액을 요구하는 사람도 종종 있다.

불만족 또는 불편을 느낄 수 있는 상황이 명확하고 브랜드 측에서 관리가 미흡했던 부분이 있다면 최대한 고객을 설득하고 불만족스러운 마음이 없어질 때까지 응대해줘야 하는 것이 맞다. 하지만 더러 일부 고객들 중에는 자기 과실임에도 불구하고 위와 같이 협박을 하는 경우가 있어 대응에 고민이 되는 것도 사실이다. 실제로 요즘은 SNS 채널에 불만 사항을 포스팅하여 퍼트리는 일도 비일비재하다. 예전에 어떤 고객이 상품 자체의 불만족스러운 부분을 개인 SNS 채널에 포스팅한 적이 있다. 사실상 SNS는 개인의 커뮤니케이션 공간이기에 브랜드 입장에서는 내렸으면 하는 바람이 있어도 삭제해달라고 이야기를 꺼내기 매우 조심스러운 부분이 있다. 문제를 해결한 이후에도 내려달라고 하기도 매우 애매하다. 그 당시 고민을 하다 실제로 구매 이력이 있는 고객이라는 점을 감안해 브랜드로서 실망감을 안겨드린 부분에 대해 사과하는 손 편지를 써서 사은품과 함께 보낸 적이 있다. 손 편지 작성은 직원의 아이디어

였는데 결과적으로는 고객의 입장에서 한 번 더 이해하고 배려했던 마음이 통했다. 해당 고객은 택배를 받고 SNS 개인 계정에 '처리가 너무 깔끔해 만족했고 더 번창했으면 좋겠다'라는 내용을 남겼다. 만약 처음부터 상담원이 SNS 글에 대해 이야기를 꺼냈다면 더 화를 불러일으켰을 수도 있었을 것이다. 그러나 고객의 마음을 헤아리는 손 편지를 통해 고객의 마음을 움직이고 나아가 충성 고객으로까지 만들 수 있었다.

상품에 문제가 있었다면 당연히 브랜드 측에서 대응을 잘 해줘야 한다. 하지만 사실이 아닌 부분을 가지고 고객이 클레임을 걸 때는 주의가 필요하다. 고객의 과실로 나온 결과에 대해서 브랜드 측의 과실이 전혀 없는지 객관적으로 원인 규명을 하고 대처하는 것이 바람직하다. 발생 가능성이 높은 클레임에 대한 대응 매뉴얼도 필히 갖고 있어야 서로 다른 잣대로 고객 클레임을 해결하는 일이 없다. 한 가지 팁은 고객에게 덤으로 상품을 보내줘야 하는 상황일 때 고객이 원치 않는 상품을 받으면 더 불만족을 느낄 수 있으므로 일단 문의를 먼저 해보라는 것이다. 브랜드에서 준비하는 또는 새로이 출시한 상품을 경험하게 하고자 함께 보내는 경우도 그다음 구매에 효과적이다.

고객 맞춤형
오퍼레이션
노하우

"고객이 만족하지 못한 부분을 찾아 개선하는 것이 혁신이며 이러한 고객의 불만이 새로운 기회를 발굴하게 해준다"라고 한 기업 총수가 이야기하는 것을 본 적이 있다. 사실 브랜드를 운영함에 있어서도 굉장히 공감이 가는 이야기다. 고객의 소리를 얼마나 깊게 이해하고 분석하고 적용하는지에 따라 브랜드의 많은 부분이 개선된다. 때론 개선보다 빠른 대응이 가능하도록 만들어주기도 한다. 한편 다른 부문의 담당자들이 제대로 일 처리를 안 하면 고생을 하는 쪽은 고객 관리 직원들이다. 그래서 고객 관리를 중심으로 모든 업무가 유기적으로 돌아가야만 고객이 만족스러운 구매 여정을 경험할 수 있다. 결국 고객 목소리를 중심으로 모든 업무가 진행되어야 한다는 얘기다.

빠른 공유가 빠른 대응을 부른다

오프라인 환경과 다르게 온라인 환경에서의 고객 클레임은 다른 고객들도 볼 수 있는 특징을 가진다. 한마디로 고객 대응이 판매와 직결되는 것이다. 그러므로 온라인 브랜드에서 일하는 고객 담당은 단순히 고객과 커뮤니케이션하는 것을 넘어 고객과 가장 가깝게 맞닿아 있는 존재가 되어야 한다. 고객 대응 부서는 사고를 가장 먼저 발견하는 곳이다. 그러므로 일어나는 상황에 대해서도 물류, MD 및 마케팅 쪽과 빠르게 공유해야 한다. 빠른 공유가 있어야 빠른 대응이 가능하기 때문이다. 각각의 기능을 담당하고 있는 사람들이 동시에 공유받아야 해당 부서에서 빠르게 클레임 해결이 가능하다.

앞서 클레임을 거는 고객이 전체의 4퍼센트라고 설명하긴 했지만 그 4퍼센트의 고객만 상대하면 된다고 생각하는 건 오산이다. MD가 행사 상품 등록을 잘못했거나 이벤트 프로모션 내용을 고객이 이해하기 어렵게 썼거나 하면 고객 문의의 양은 폭발적으로 급증하게 된다. 그러면 고객 대응 퀄리티를 유지하기 어렵고 해결되지 않은 고객 문의가 쌓이게 되면서 점점 불만족도는 늘어나게 된다. MD로 인한 문제 외에도 물류 쪽에서 문제가 생겼다고 해보자. 송장 출력 과정에서 오류가 일어났거나 포장 과정에서 상품이 잘못됐을 경우에도 고객 문의는 몰리게 된다. 이 역시 고객 대응 부서에는 큰 부담으로 작용한다. 물류 측 클레임이 발생하면 문제가 있는 상품이 물류에 얼마나 입고가 됐는지, 몇 명의 고객한테 잘못된 상품이 발송됐는지에 대한 부분을 확인해봐야 한다. 그 과정에서 추가로 불만족하는 고객 수를 줄일 수 있다. 다양한 플랫폼에 입점한 브랜드가 행사를 진행할 경우에는 MD가 플랫폼별로 후기는 어떻게 달리는지, 어떤 클레임이 들어오는지 실시간으로 모니터링을 해야 한다. 그에 따라 행사 성패가 갈리기 때문에 브랜드 측에서 가장 밀접하게 소통되는 구조를 만들어줘야 한다.

유형별로 고객 대응 매뉴얼을 만들어라

고객으로부터 들어오는 문의를 유형에 따라 분리해서 관리하는 것이 중요하다. 내용에 대한 확인도 필요하지만, 수치적으로도 관리해야 어디에 문제점이 있는지 파악해 문제점을 개선해 나갈 수 있다. 내용 파악을 위해 간단하게라도 고객의 연령, 성별 등 기본 정보와 함께 어떠한 내용의 문의 또는 클레임이었는지 기록하는 습관을 들이자. 하루 업무를 마감하면서 그날 상담 내용을 리뷰하는 습관을 들이는 것도 좋다. 배송에 대한 클레임 수치가 높았다면, 배송 담당 센터와 논의를 해볼 수 있다. 상품을 처음 출시하거나 브랜드 운영 중간에 신상품을 출시했을 때도 후기를 통해 고객의 반응을 지켜보는 것이 좋다. 또는 그전에 문자 설문조사를 실시하는 방법도 있다. 신제품을 구매한 고객 대상으로 제품에 대해 만족했는지, 배송 당시 상태는 괜찮았는지 등에 대한 점검해 품질 개선을 해나가는 방법이다. 이때 소정의 적립금을 지급하면 설문조사 참여율을 높이는 데 효과적이다. 고객으로부터 받은 개선점을 적극적으로 제품이나 운영에 반영하여 좋은 상품으로 보답하겠다는 메시지까지 안내해주면 더더욱 좋다.

고객 대응 매뉴얼은 무조건 만들어두는 것이 유용하다. 내부적으로 인수인계가 편한 부분도 있지만 그보다는 고객에게 일관된 톤앤매너로 대응할 수 있기 때문에 그렇다. 또한 상담원에 따라 대응의 정도가 다르면 어떤 고객은 만족스러운 결과를 얻어가고 또 다른 고객들은 여전히 불만족한 결과를 가지고 갈 수 있기 때문이다. 그래서 브랜드 측의 배송 실수가 일어났을 때, 상품 하자가 발생했을 때 등 각각의 상황에 따라 대응 매뉴얼을 확보하고 있는 것이 좋다. 물론 매뉴얼에 맞춰 모든 문의가 딱딱 떨어지지는 못하기에 상황을 보고 유동적으로 판단해야 하는 경우도 있을 것이다. 그러므로 무작위로 통화 녹음 파일을 하나 골라 들어보거나 댓글을 관심 있게 훑어보는 습관이 필요하다. 랜덤으로 녹음 파일을 듣다 보면 대응 직원에 대한 평가는 물론 개선에 대한 인사이트도 얻을 수 있다. 가끔 어떤 브랜드들을 보면 고객의 모든 문의에 동일한 댓글을 달아놓는 경우가 있다. 물론 문의 유형에 따라 매뉴얼화된 댓글은 일부 필요하지만 이처럼 복사해서 붙여넣기 수준의 대응은 역효과만 불러올 수 있다. 고객이 느꼈을 때 최소한의 성의 있는 답변 정도는 되어야 '응대를 잘 받았다'고 생각하지 않을까 싶다.

고객의 목소리를 매일 리뷰하라

고객 문의를 관리하는 것도 중요하지만 기본적으로 브랜드에 대한 모니터링도 필요하다. 조직에 따라 모니터링을 담당하는 부서가 따로 있기도 하지만 웬만하면 모니터링 주체를 다양하게 오픈해두는 것이 더 좋다는 게 나의 생각이다. 각 부서의 담당자들이 자신의 시각에서 고객 문의에 대한 리스크를 판단할 수 있기 때문에 전반적인 브랜드 리스크를 최소화할 수 있다.

고객 문의에 대한 내용은 유형별로 나눠 고객의 요구 사항을 구체화하여 정리할 필요가 있다. 이때 유관 부서 또는 담당자 간에 커뮤니케이션을 할 수 있는 링크를 만들어줘야 한다. 고객의 불편사항이나 피드백 등 정성적인 부분들은 일과가 끝남과 동시에 유형별로 매일 리뷰해야 한다. 그래야 어떤 문의가 반복되는지, 이를 어떻게 개선해야 하는지에 대한 인사이트가 생긴다. 그리고 이런 이슈들이 바로바로 해결돼야 더 큰 사고를 막을 수 있다. 어차피 당장 처리해야 하는 급한 문의들은 일과가 끝날 때까지 가지도 않는다. 이런 문의들은 실시간 소통창을 통해 해결할 수 있다. 해당 업무의 담당자가 모니터링을 하다가 바로 해결하는 쪽으로 세팅하는 것이다. 정성적인 면 외에도 정량적인 관리 지표 역시 필요하다. 월 단위 또는 연간 단위로 고객 문의가 얼마나 개선됐는지 수치적으로 관리하는 척도가 있으면 더 확실하게 개선해 나갈 수 있다.

알고 시작해야 손해보지 않는다

온라인 쇼핑의 시대, 고객을 확보하고자 하는 쟁탈전의 심화로 브랜드들은 더 많이 생겨날 것이다. 게다가 지금 이 순간에도 온라인 광고상품이 새롭게 생겨나고, 커머스 플랫폼의 입점 조건이 까다로워지며, 온라인 관련 각종 정책들이 변화하는 등 녹록지 않은 상황이다. 하지만 나는 고객 여정을 놓치지 않아야 슬기롭게 운영할 수 있다고 본다. 고객이 맞닥뜨리는 수많은 선택의 순간에, 우리 브랜드를 선택해야 하는 이유를 명확하고 진정성 있게 전달한다면, 다소 시간이 걸릴지라도 분명 오랫동안 사랑받는 브랜드가 될 것이다.

오프라인 중심으로 운영되는 브랜드와 기업들의 고민이 큰 것으로 안다. 해외 시장에서도 글로벌 브랜드들이 앞장서서 매장 철수에 나서는 움직임을 보이고 있을 정도니 이 현상이 대세임을 부정할 수는 없다. 이에 오프라인 채널은 완전히 없어지기보다는 이전과는 다른 역할과 형태로 변화하게 될 것이다. 지금은 온·오프라인이 융화하면서 전략적인 상생을 위한 밸런스를 찾아가는 과도기라고 생각한다. 그래서 최근 오프라인 중심의 브랜드와 유통 플랫폼들이 깊이 고민하고 논의하는 '가격 설정과 상품 구색 등의 전략을 어떻게 가지고 가야 할지'에 대한 실마리도 결국 고객 탐색을 통해 찾을 수 있으리라 본다. 변화하는 소비자의 구매 여정을 얼마나 세심하게 탐색하고 좇느냐에 성패가 갈릴 것이다.

요즘은 온라인 사업을 한다는 것 자체가 얼마나 열린 사고와 발빠른 대처를 요구하는지 매일 깨닫고 있다. 비즈니스 환경이 시시각각 변하기 때문에 이를 이해하고 배우려는 노력이 없으면 빠르게 도태될 수 있다. 지금도 여전히 오프라인 비즈니스에만 익숙한 사람과 온라인 비즈니스에만 익숙한 사람들 간에 이해가 달라 여러 협업 문제가 일어난다고 한다. 그러나 앞으로는 이 두 영역이 서로 이해하고 협업하지 않으면 비즈니스 자체의 성장이 어려워질 것이다. 오프라인 비즈니스에 대한 인사이트가 깊은 사람이 온라인 생태계를 이해하면 시대가 요구하는, 온·오프라인의 융합에 대한 다양한 아이디어를 내 더 큰 시너지를 얻을 수 있다. 직급 불문 직종 불문 부끄러워 말고 새로운 것에 대해 물어보고 알고자 하는 노력을 하길 바란다. 그렇지 않으면 새로운 업무를 맡는 것도, 조직 관리도 어려워진다.

《잘 팔리는 브랜드의 법칙》은 미래 트렌드를 예측하기보다는 현재 시점에서 온라인 브랜드를 만들어 운영하는 과정에서 도움이 될 법한 실무 노하우를 담은 책이다. SNS 마케팅, 유튜브 마케팅, 스마트스토어 운영, 디지털 데이터 등 온라인 비즈니스에 관한 세부 분야 정보는 많이 있지만, 총망라한 책은 부족했던 것 같다. 그런 맥락에서 온라인 비즈니스의 전체 과정을 다룬 이 책이 한번에 이해하기에는 어려운 점도 있으리라 본다. 그러나 15년 이상 내가 산업군별·기업형태별로 다양한 브랜드를 만들고 운영하면서 직접 경험한 이야기를 바탕으로 집필했기 때문에 현장에 가장 가까운 이야기를 담고 있다고 자신한다. 특히 나는 전체 과정을 이해하는 데 중점을 두고 집필했다. 그러니 다음 스텝을 미리 준비해 빈틈없이 브랜드를 운영하고, 예기치 못한 문제를 사전에 방지하고자 하는 사람이라면 곁에 두고 틈틈이 참고하길 바란다.

마지막으로 그동안의 경험을 가치 있게 여겨주고 책으로 낼 수 있게 제안해주신 최장순 대표님과 집필 원고를 흥미롭게 들어주고 논의해주신 출판사 분들께 가장 큰 고마움을 전하고 싶다. 이 책 내용의 바탕이 되고 다양한 경험을 하게 해준, 그동안 만난 선후배님들께도 감사의 말을 전하고 싶다. 책을 쓰기까지 열렬한 지지를 보내준 친구와 지인들도 고마울 따름이다. 그리고 항상 내가 어떤 인생을 선택하든 무한한 응원을 아끼지 않는 사랑하는 부모님, 사랑과 감사의 말씀을 전하고 싶다. 무엇보다 이 책을 선택해주고 끝까지 읽어준 독자분들께 감사의 뜻을 전하면서 조금이라도 도움이 되길 진심으로 바란다.

온라인 브랜드 운영에 있어
자주 사용하는 약어

ATL Above the Line : 신문, TV나 잡지 같은 전통적인 광고 매체

BI Brand Identity : 브랜드 아이덴티티, 브랜드 이미지 통일화 작업

BTL Below the Line : 디지털을 포함한 직접적으로 고객과 마주할 수 있는 비
전통적 매체

CPC Cost Per Click : 클릭당 비용

CPT Cost Per Time : 시간당 비용

CRM Customer Relationship Managment : 고객관계관리의 약어, 고객 관계를 관
리해 나가기 위한 방법

DA Digital Advertisement : 디스플레이 광고 또는 이미지 광고

DB Database : 데이터의 집합

DM Direct Mail : 사람들 간의 주고받을 수 있는 비공개 메시지

FGI Focus Group Interview : 집단 심층 면접

FMCG Fast moving consumer goods : 일상 소비재

GNB Global Navigation Bar : 웹사이트를 방문한 사용자의 이동 경로

IMC Integrated Marketing Communication : 통합 마케팅 커뮤니케이션, 통일된 브랜드 이미지를 통해 다양한 커뮤니케이션 효과를 통합하여 총괄적으로 수립

KW Key Word : 키워드의 약어, 검색어라는 의미로 주요 활용됨

MD Merchandising 또는 Merchandiser : 상품 기획 또는 기획자

MOQ Minimum Order Quantity : 최소 주문 수량

MPQ Minimum Purchase Quantity : 최소 구매 수량

MS Market Share : 시장점유율

ODM Original Development Manufacturing : 제조사 설계 생산, 디자인과 설계까지 제조사가 처리함

OEM Original Equipment Manufacturing : 주문자 의뢰에 따라 주문자의 상표 부착하여 상품 제작

PB Private Brand : 유통업체에서 직접 만든 자체 브랜드 상품

PPL Product Placement **광고** : 협찬을 대가로 영화나 드라마에서 특정 브랜드의 상품이나 브랜드 이미지를 넣는 광고 기법

PPM Pre Production Meeting : 광고 계획을 실행하기 위한 사전 미팅

PRM Partner Relationship Management : 파트너관계관리의 약어, 파트너에 초점을 맞춘 CRM의 한 영역

RTB Real Time Bidding : 실시간 입찰의 의미로 대부분의 온라인 광고 유형에 적용

SA Search Advertisement : 검색 광고 또는 키워드 광고

SEM Search Engine Marketing : 검색엔진 마케팅

SEO Search Engine Optimization : 검색엔진 최적화

SMR Smart Media Rep : 미디어 영상 클립을 독점적으로 공급하는 형태

SNS Social Network Service : 특정 관심이나 활동을 공유하는 사람들의 관계망
을 구축해주는 온라인 서비스, 인스타그램, 페이
스북 및 유튜브 등이 이에 속함

TTL Through the Line : ATL과 BTL 합친 개념으로 양방향 소통 매체

UI User Interface : 웹페이지, 앱, OS 등 모든 부문에서 사용자가 보고 쓰는
모든 부분

USP Unique Selling Point : 경쟁 제품과의 차별화된 가치

UV Unique Visitors : 순 이용자(순 방문자)

UX User Experience : 서비스 사용자의 경험

VI Visual Identity : 비주얼 아이덴티티, 시각화한 다양한 상징

VMD Visual Merchandising : 상품 진열하는 것

노출 Impression : 광고가 송출된 횟수(ex. 1명에게 3회의 노출)

누끼컷 : 배경 없이 상품 이미지 테두리를 따서 이미지화 한 파일

도달 Reach : 광고가 유저에게 알려지거나 전달되는 넓이(ex. 1명에게는 1회
의 도달)

락인 Lock in : 이용자 묶어두기

랜딩페이지 LP, Landing Page : 광고가 연결되는 최종 도착지점

미디어 믹스 Media Mix : 다양한 매체를 광고주의 KPI에 맞게 구성한 매체
계획안

브랜드 마케팅 Brand Marketing: 브랜드 가치에 중점을 두고 소비자에게 목표하는 이미지를 전달하기 위한 마케팅 활동

빈도Frequency: 한 이용자에게 같은 광고가 보이는 횟수 (1인당 광고 노출 수)

시즐Sizzle: 광고 효과를 위해 제품의 핵심 포인트가 될만한 소리를 활용하는 기법

썸네일Thumbnail: 사진의 축소판

앱APP, Application: 휴대폰이나 스마트폰 등 다운받아 사용할 수 있는 프로그램

언드 미디어 Earned Media: 소비자들에 의해 발행되는 미디어

오가닉 유저 Organic User: 광고나 이벤트를 통한 유입이 아닌 자연스럽게 유입된 사용자

온드 미디어 Owned Media: 자체적으로 소유하고 있는 미디어

와이어프레임Wireframe: 화면 설계서 & 서비스 스토리보드

전환: 결제 포함, 장바구니 담기, 탐색 페이지 5개 이상, 3분 이상 체류 등

초개인화Hyper Personalization: 실시간 데이터 AI 알고리즘을 통해 분석하여 개별화된 서비스 제공

커스터마이제이션Customization: 고객 맞춤형

클릭 히트, 히트맵 Click Heat / Heat map: 방문객이 어떤 상품에 관심을 보이고 머무르는 정도를 나타내는 체류 시간에 대한 분포를 분석해 열지도로 표현해주는 방식

톤앤매너T&M, Tone&Manner: 눈에 보이는 전체적인 분위 또는 콘셉트 방향

트래픽Traffic: 사이트의 방문하는 사용자의 횟수

퍼널Funnel: 고객의 구매 여정을 단계별로 세분화하여 표현한 깔때기 모양

퍼포먼스 마케팅 Performance Marketing: 성과 마케팅 중 한 가지 방법으로 고
객의 데이터를 통해 유입과 구매 전
환을 극대화하는 촉진 활동

페이드 미디어 Paid Media: 비용을 지불하고 사용하는 미디어

페이지 뷰PV, Page View: 한 페이지에 사용자가 접속한 수

PART 1. 검색 트렌드로 살펴보는 시장과 브랜드

1. 밀레니얼·Z세대 소비파워 확대…'딥리테일 역량 강화해야', 〈조선비즈〉, https://biz.chosun.com/site/data/html_dir/2019/05/17/2019051700892.html

2. 언택트 시대, 50대 이상 연령층 휴대폰 사용 증가, 〈파이낸셜뉴스〉, https://www.fnnews.com/news/202007231036211307

3. '언택트' 속 연결 찾는 '온택트' 시대 열렸다, 〈파이낸셜뉴스〉, https://www.fnnews.com/news/202004211052050525

4. 온라인 only·온라인 first 상품 전성시대, 〈매일경제〉, https://www.mk.co.kr/news/business/view/2019/06/447663/

5. SSG닷컴, '이마트 PB' 한 곳에 모았다, 〈비즈니스워치〉, http://news.bizwatch.co.kr/article/consumer/2019/08/19/0004

6. 코로나 시대, 패션 매장…패션 매장이 변신한다, 〈매일경제〉, https://www.mk.co.kr/news/culture/view/2020/06/651085/

7. 유통업계, '체험형 공간'서 성장 돌파구 찾는다, 〈아이뉴스24〉, http://www.inews24.com/view/1236425

8. 코로나19 영향에 식품 '반짝' 온라인 성장 가속, 〈EBN〉, https://www.ebn.co.kr/news/view/1026237/?sc=naver

9. 코로나發 강제 홈코노미 시대 열리나, 〈메디팜헬스〉, http://www.medipharmhealth.co.kr/news/article.html?no=63224

10. 코로나 시대, 새로운 여행 키워드 '#단거리, #캠핑, #렌터카', 〈여성경제신문〉, http://www.womaneconomy.kr/news/articleView.html?idxno=94745

11. Nike Coming for Lululemon, Sharpens Focus on Women's Wear, 〈bloomberg〉, https://www.bloomberg.com/news/articles/2017-10-26/nike-coming-for-lululemon-by-ramping-up-investment-in-yoga

12. Diffusion of Innovation: How it Relates to the Consumer Marketplace, 〈medium〉, https://hanialsaleh.medium.com/diffusion-of-innovation-how-it-relates-to-the-consumer-marketplace-ee1ab9f9ba4b

PART 2. 디지털 환경에 최적화된 브랜드 구축하기

1. 18개 스타트업 컬러 속 브랜드 철학, 〈더피알〉, http://www.the pr.co.kr/news/articleView.html?idxno=19376

PART 3. 브랜드 360도 운영 노하우

1. 쿠팡, 오픈마켓 진출, 〈한국경제〉, https://www.hankyung.com/news/article/2015082640681
2. "나이키에서 에르메스까지…공식몰로 오세요" 자사몰 전성시대, 〈머니투데이〉, https://n.news.naver.com/article/008/0004467399?fbclid=IwAR1sji_wbQ6mkkKjSBdGOws6jUzFc7g1GvLGB3 MAqI6lFJSHGrHO0VFsl
3. Using Heatmaps For Conversion Optimization, 〈www.searchenginepeople.com〉, https://www.searchenginepeople.com/blog/using heatmaps conversion optimization.html
4. Mobile Usability Made Simple, 〈UX Planet〉, https://uxplanet.org/mobile usability made simple 945e106e23eb

PART 4. 가장 효과적인 온라인 마케팅 방법 찾기

1. [인터뷰] "마케팅이 사라진다"… 30년 외길 마케터가 본 미래, 〈조선비즈〉, https://n.news.naver.com/mnews/article/366/0000546410?sid=001
2. 작년 모바일 광고비 3조원 첫 돌파…방송·인쇄 매체는 하락세, 〈연합뉴스〉, https://n.news.naver.com/mnews/article/366/0000546410?sid=001 https://www.yna.co.kr/view/AKR20200213051500003?input=1195m
3. [ADs EFFECT] 내년 광고예산 가장 큰 고민거리는 미디어 믹스 (KANTAR 19년 보고서 관련), 〈티티엘뉴스〉, http://www.ttlnews.com/article/travel_report/6707
4. Top Google Result Gets 36.4% of Clicks [Study], 〈Search Engine Watch〉, https://www.searchenginewatch.com/2011/04/21/top-google-result-gets-36-4-of-clicks-study/

PART 5. 브랜드 성공을 위한 리스크 관리

1. '먹는 콜라겐' 알고 보니 '당류가공품'?…식약처, 과장광고 적발, 〈시사포커스〉, http://www.sisafocus.co.kr/news/articleView.html?idxno=240505
2. 〈온라인 광고 법제도 가이드북〉 과학기술정보통신부/한국인터넷진흥원, 2019.12, http://onlinead.or.kr/17/?bmode=view&idx=2979173
3. MLB에서 배우는 경영학−광팬 끌어모으는 '관계 마케팅'의 힘, 〈중앙시사매거진〉, http://jmagazine.joins.com/monthly/view/303521

잘 팔리는 브랜드의 법칙

초판 1쇄 발행 · 2021년 2월 24일
초판 3쇄 발행 · 2022년 3월 2일

지은이 · 구자영
발행인 · 이종원
발행처 · (주)도서출판 길벗
브랜드 · 더퀘스트
주소 · 서울시 마포구 월드컵로 10길 56(서교동)
대표전화 · 02)332-0931 | **팩스** · 02)322-0586
출판사 등록일 · 1990년 12월 24일
홈페이지 · www.gilbut.co.kr | **이메일** · gilbut@gilbut.co.kr

기획 및 편집 · 송은경(eun3850@gilbut.co.kr), 김세원, 유예진, 오수영 | **제작** · 이준호, 손일순, 이진혁
마케팅 · 정경원, 최명주, 김진영, 장세진 | **영업관리** · 김명자 | **독자지원** · 송혜란

본문디자인 · 김희연 | **교정교열** · 최진
CTP 출력 및 인쇄 · 북토리 | **제본** · 신정문화사

ISBN 979-11-6521-464-7 03320
(길벗 도서번호 090176)

정가 17,000원